Nicht nur für Naschkatzen!

# CUPCAKES & MUFFINS

Bath · New York · Cologne · Melbourne · Delhi
Hong Kong · Shenzhen · Singapore · Amsterdam

# INHALT

# EINLEITUNG

Cupcakes und Muffins sind unschlagbar köstlich und wandelbar, das macht sie so beliebt bei Groß und Klein. Sie lassen sich zudem sehr schnell und einfach – ohne komplizierte Küchenutensilien und Techniken – zubereiten. In diesem Buch finden Sie eine reiche Auswahl verschiedenster Rezepte für jeden Geschmack und Anlass zusammengestellt.

Zu den ganz klassischen Varianten gehören Zitronen- oder Schokoladen-Cupcakes. Wenn Sie es ein wenig aufwendiger mögen, probieren Sie die Kirsch-Sahne-Cupcakes oder die Rosentörtchen. Möchten Sie Ihre Gäste überraschen, backen Sie die Limoncello-Cupcakes oder Chili-Schoko-Cupcakes.

Noch schneller und genauso einfach hergestellt sind die Muffins, die wir Ihnen in diesem Buch ans Herz legen. Sie sind ein köstlicher süßer Snack, ob zum Frühstück, in der Mittagspause oder auf der Kaffeetafel. In unserer Sammlung finden Sie sowohl bekannte Rezepte wie Heidelbeer- oder Schokoladenmuffins als auch besondere Kreationen wie Pistazien-Limetten-Muffins oder Erdbeertörtchen.

Für die Zubereitung von Muffins und Cupcakes brauchen Sie weder besondere Gerätschaften noch teure Zutaten. Vermutlich ist alles, was Sie benötigen, sogar schon in ihrer Küche vorrätig. Wenn Sie häufiger backen, lohnt sich die Investition in eine hochwertige Muffinform. Hier ist die Auswahl mittlerweile besonders groß: Es gibt Formen mit sechs, zwölf oder 24 Mulden (z. B. für Mini-Muffins), aus Silikon oder Teflon. Klassischerweise backt man die Muffins oder Cupcakes in Papierbackförmchen, die in einer großen Auswahl an Farben, Formen und Größen erhältlich sind, je nach Anlass auch mit passendem Muster. Bei Silikonformen braucht man die Papierbackförmchen nicht unbedingt, auch ein Einfetten ist eigentlich nicht nötig, aber mit Papier sind die kleinen Happen auch optimal, um sie in die Hand zu nehmen – ohne allzu viel zu krümeln. Sollten Sie nach dem Befüllen der Förmchen noch Teig übrig haben, gibt es auch Einzelbackformen, so brauchen Sie nichts wegzuwerfen.

Einen köstlichen Überraschungseffekt bieten Füllungen, z. B. aus Marmelade, Obst oder Schokolade. Schmetterlings-Cupcakes sehen toll aus, ebenso geschichtete oder marmorierte Teige. Für Cupcakes bieten sich nach dem Backen schier unendliche Möglichkeiten der „Krönung" an: buttrige Cremes, Frischkäsecreme, Fondant, Baiser, Zuckerguss, Schlagsahne, Schokoladenglasur usw. Als Deko eignen sich etwa Schokoladen-hobel oder -blätter, Zuckerschrift oder kleine Formen aus Fondant, Zucker oder Marzipan. Auch die Auswahl an bunten oder glitzernden Dekorationen ist riesig: Zuckerstreusel, Liebes-perlen, Glitter, Bärchen oder Tutti frutti aus Weingummi, Blüten aus Zuckerguss. Sie eignen sich alle als Blickfang für besondere Cupcakes.

Um solche kleinen Kunstwerke auf Festen angemessen in Szene zu setzen, empfiehlt sich ein spezieller Ständer bzw. eine Etagere. Damit werden die Törtchen zum Blickfang auf jeder feierlichen Tafel.

Wollen Sie Cupcakes verschenken? Auch dafür gibt es spezielle Geschenkkartons. Einzelne Cupcakes sehen prima in einem Zellophantütchen aus, verschlossen mit hübschen Bändern oder Bast.

Cupcakes und Muffins sollten nicht lange gelagert werden. Viele Muffins schmecken am besten ganz frisch aus dem Ofen. Muffins (ohne Topping) halten sich einige Tage, mit Creme oder Glasur allerhöchstens zwei Tage. Tiefgekühlt halten sich die meisten Muffins und Cupcakes bis zu einen Monat. Besser ist allerdings, Sie frieren nur das Gebäck ein und bereiten das Topping nach dem Auftauen frisch zu.

# KLASSIKER

# Vanille-Cupcakes

Ergibt 12 Stück

Vorbereitung: 25 Min.
plus Abkühlzeit

Backzeit: 15–20 Min.

## Zutaten

120 g weiche Butter

120 g heller Rohrzucker

2 Eier, leicht verquirlt

120 g Mehl

1 TL Backpulver

1 EL Milch

kandierte Rosenblätter,
zum Dekorieren

## Buttercreme

175 g weiche Butter

½ Tütchen Vanillezucker

2 EL Milch

300 g Puderzucker, gesiebt

## Zubereitung

1 Den Backofen auf 180 °C vorheizen und eine 12er-Muffinform mit Papierbackförmchen auskleiden.

2 Butter und Zucker in einer Schüssel schaumig schlagen. Nach und nach die Eier einrühren. Mehl und Backpulver in die Schüssel sieben und vorsichtig mit einem Metalllöffel einarbeiten. Dann die Milch unterheben.

3 Den Teig auf die Papierbackförmchen verteilen. Im vorgeheizten Ofen 15–20 Minuten backen, bis der Teig goldbraun und fest ist. Auf einem Kuchengitter abkühlen lassen.

4 Für die Buttercreme Butter, Vanillezucker und Milch in einer großen Schüssel mit einem Handrührgerät zu einem glatten Teig verarbeiten. Nach und nach den Puderzucker zugeben und 2–3 Minuten schlagen, bis die Creme sehr luftig und glatt ist.

5 Die Buttercreme in einen Spritzbeutel mit großer Sterntülle füllen. Die Creme in Wirbeln auf die abgekühlten Cupcakes spritzen und mit den kandierten Rosenblättern dekorieren.

## Variation

Diese dekorativen Cupcakes können auch mit bunten Streuseln, Schokolinsen, Fondantblüten oder essbaren Blütenblättern verziert werden.

# Dunkle Schmetterlingstörtchen

Ergibt 12 Stück    Vorbereitung: 30 Min. plus Abkühlzeit    Backzeit: 15–20 Min.

## Zutaten

125 g weiche Margarine

125 g Feinstzucker

150 g Mehl, gesiebt

1½ TL Backpulver

2 Eier (Größe L)

2 EL Kakaopulver

25 g Zartbitterschokolade, geschmolzen

## Zitronencreme

100 g weiche Butter

225 g Puderzucker, gesiebt, plus etwas mehr zum Bestäuben

abgeriebene Schale von ½ Bio-Zitrone

1 EL Zitronensaft

## Zubereitung

1   Den Backofen auf 180 °C vorheizen und eine 12er-Muffinform mit Papierbackförmchen auskleiden.

2   Margarine, Zucker, Mehl, Backpulver, Eier und Kakaopulver in eine große Schüssel geben und glatt rühren. Die geschmolzene Schokolade einarbeiten.

3   Die Backförmchen zu drei Vierteln mit dem Teig füllen. Im vorgeheizten Ofen 15–20 Minuten backen, bis der Teig schön aufgegangen ist. Die Form auf ein Kuchengitter stellen und die Törtchen vollständig abkühlen lassen.

4   Für die Zitronencreme die Butter in einer Schüssel glatt rühren. Nach und nach Puderzucker, Zitronenschale und -saft hinzufügen und nach jeder Zugabe sorgfältig rühren.

5   Kleine Deckel von den Törtchen abschneiden und diese in der Mitte durchschneiden. Die Zitronencreme auf die Törtchen streichen oder spritzen und die halbierten Kappen schräg hineindrücken. Bestäuben Sie die Törtchen vor dem Servieren mit Puderzucker.

KLASSIKER

# Rote Cupcakes

Ergibt 15 Stück     Vorbereitung: 20 Min. plus Abkühlzeit     Backzeit: 18–20 Min.

## Zutaten

150 g weiche Butter

150 g Feinstzucker

3 Eier

150 g Mehl

1½ TL Backpulver

1 EL Kakaopulver

1 Tütchen Vanillezucker

1 Msp. rote Lebensmittelfarbe

## Topping

250 g Mascarpone

175 g Puderzucker, gesiebt

1 TL Zitronensaft

## Zubereitung

1  Den Backofen auf 180 °C vorheizen und zwei Muffinformen mit insgesamt 15 Papierbackförmchen auskleiden.

2  Butter und Zucker mit einem Handrührgerät cremig rühren. Die Eier einzeln sorgfältig einarbeiten. Mehl, Backpulver und Kakaopulver darübersieben und unterrühren. Vanillezucker zugeben und den Teig mit der Lebensmittelfarbe hellrot einfärben.

3  In die vorbereiteten Förmchen füllen und im vorgeheizten Ofen 18–20 Minuten backen, bis die Cupcakes gut aufgegangen und fest sind. Aus der Form lösen und auf einem Kuchengitter abkühlen lassen.

4  Für das Topping den Mascarpone in einer Schüssel cremig rühren. Puderzucker und Zitronensaft sorgfältig einarbeiten. Die Creme in einen Spritzbeutel mit Sterntülle füllen und in Wirbeln auf die Cupcakes aufbringen. Pro Person zwei Cupcakes berechnen. Die restlichen Cupcakes halten sich in einem luftdicht schließenden Behälter im Kühlschrank bis zu 2 Tage.

# Kokos-Kirsch-Cupcakes

**Ergibt 12 Stück**  **Vorbereitung: 25 Min.** plus Abkühlzeit  **Backzeit: 15–20 Min.**

## Zutaten

120 g weiche Butter

120 g Feinstzucker

2 EL Milch

2 Eier, leicht verquirlt

90 g Mehl, gesiebt

1 gehäufter TL Backpulver

90 g Kokosraspel

100 g Belegkirschen, geviertelt

12 frische Kirschen, zum Dekorieren

## Creme

60 g weiche Butter

120 g Puderzucker

1 EL Milch

## Zubereitung

1 Den Backofen auf 180 °C vorheizen und eine 12er-Muffinform mit Papierbackförmchen auskleiden.

2 Butter und Zucker in einer großen Schüssel hell und cremig rühren. Die Milch einarbeiten und nach und nach die Eier zufügen und verrühren. Mehl und Backpulver mit den Kokosraspeln unterheben. Den größten Teil der geviertelten Kirschen unterheben.

3 Den Teig auf die Papierbackförmchen verteilen und mit den restlichen geviertelten Kirschen bestreuen. 15–20 Minuten im vorgeheizten Ofen backen, bis die Cupcakes aufgegangen, goldbraun und fest sind. Auf einem Kuchengitter abkühlen lassen.

4 Für die Creme die Butter in einer Schüssel glatt rühren. Den Puderzucker darübersieben und sorgfältig unterrühren, dabei die Milch zufügen.

5 Die Creme in einen Spritzbeutel mit Sterntülle füllen, auf jeden Cupcake eine Haube spritzen und mit einer Kirsche verzieren.

# 5

# Cappuccino-Cupcakes

**Ergibt 18 Stück**

**Vorbereitung: 25 Min.** plus Abkühlzeit

**Backzeit: 20–25 Min.**

## Zutaten

180 g weiche Butter

180 g Rohrzucker

4 TL Instant-Espressopulver

3 Eier (Größe L), leicht verquirlt

180 g Mehl, gesiebt

2 TL Backpulver

### Vanillehaube

150 g Doppelrahmfrischkäse

75 g weiche Butter

1 Tütchen Vanillezucker

400 g Puderzucker, gesiebt

1–2 TL Kakaopulver, zum Dekorieren

## Zubereitung

1 Den Backofen auf 180 °C vorheizen und zwei Muffinformen mit insgesamt 18 Papierbackförmchen auskleiden.

2 Butter, Zucker und Espressopulver in einer Schüssel weich und cremig rühren. Nach und nach die Eier zugeben und jeweils gut verrühren. Mehl und Backpulver mit einem großen Metalllöffel unterziehen.

3 Die Teigmischung in die Papierbackförmchen füllen und im Ofen 20–25 Minuten backen, bis die Cupcakes aufgegangen sind und sich fest anfühlen. Auf einem Kuchengitter abkühlen lassen.

4 Für die Hauben Frischkäse, Butter und Vanillezucker hell und cremig aufschlagen. Mit der Hälfte des Puderzuckers glatt rühren, dann den Rest einarbeiten. Auf jedem Cupcake eine großzügige Portion verstreichen. Kurz vor dem Servieren etwas Kakaopulver darübersieben. Die fertigen Cupcakes halten sich in einem luftdicht schließenden Behälter im Kühlschrank 2 Tage.

KLASSIKER

# Schokoladensünde

Ergibt 12 Stück

Vorbereitung: 25 Min. plus Kühlzeit

Back- und Kochzeit: 25–30 Min.

## Zutaten

50 g weiche Butter

120 g brauner Zucker

2 Eier (Größe L)

120 g Mehl

1 TL Backpulver

½ TL Natron

25 g Kakaopulver

125 g Schmand

Schokoladenspäne, zum Dekorieren

## Glasur

125 g Zartbitterschokolade, in Stücke gebrochen

2 EL Feinstzucker

150 g Schmand

## Zubereitung

1 Den Backofen auf 180 °C vorheizen und eine 12er-Muffinform mit Papierbackförmchen auskleiden.

2 Butter, Zucker, Eier, Mehl, Backpulver, Natron und Kakaopulver in einer großen Schüssel mit dem Handrührgerät zu einem glatten Teig verarbeiten. Mit einem Metalllöffel den Schmand unterziehen. Den Teig in die Förmchen füllen.

3 Im vorgeheizten Ofen 20–25 Minuten backen, bis die Törtchen aufgegangen sind und sich fest anfühlen. Auf einem Kuchengitter abkühlen lassen.

4 In der Zwischenzeit für die Glasur die Schokolade unter gelegentlichem Rühren im Wasserbad schmelzen und wieder etwas abkühlen lassen. Dann Zucker und Schmand sorgfältig unterrühren. Die Törtchen mit der Glasur bestreichen und mit Schokoladenspänen dekorieren. Im Kühlschrank fest werden lassen.

# Helle Schmetterlingstörtchen

Ergibt 14 Stück     Vorbereitung: 30 Min. plus Abkühlzeit     Backzeit: 15–20 Min.

## Zutaten

140 g weiche Butter

140 g heller Rohrzucker

1 Tütchen Vanillezucker

2 Eier (Größe L), leicht verquirlt

140 g Mehl, gesiebt

1½ TL Backpulver

2 EL kleine Liebesperlen, zum Dekorieren

## Buttercreme

90 g weiche Butter

180 g Puderzucker

1 EL Orangensaft

## Zubereitung

1 Den Backofen auf 180 °C vorheizen und zwei Muffinformen mit insgesamt 14 Papierbackförmchen auskleiden.

2 Butter und Zucker in einer großen Schüssel mit einem Handrührgerät hell und cremig aufschlagen. Vanillezucker und 1 Ei zugeben und auf niedriger Stufe untermischen.

3 1 Esslöffel Mehl, dann das zweite Ei unter die Buttermasse rühren. Anschließend das restliche Mehl und Backpulver mit einem Löffel einrühren, bis ein glatter Teig entsteht.

4 Den Teig auf die Förmchen verteilen. 15–20 Minuten backen, bis der Teig aufgeht und sich goldbraun färbt. Aus dem Ofen nehmen und leicht abkühlen lassen. Die Küchlein vorsichtig aus der Form heben und auf einem Kuchengitter vollständig abkühlen lassen.

5 Kleine Deckel von den Törtchen abschneiden und diese in der Mitte durchschneiden.

6 Für die Buttercreme Butter, Puderzucker und Orangensaft in einer mittelgroßen Schüssel zu einer glatten Masse verrühren. Die Creme auf den Küchlein verteilen und mit Zuckerperlen bestreuen. Je zwei „Teigflügel" schräg in die Creme drücken.

# Ananas-Cupcakes

Ergibt 12 Stück     Vorbereitung: 25 Min.     Backzeit: 15–20 Min.
plus Abkühlzeit

## Zutaten

120 g weiche Butter

120 g Feinstzucker

2 Eier, leicht verquirlt

120 g Mehl

1 TL Backpulver

3 Ananasringe aus der Dose,
abgetropft und fein gehackt

25 g kandierte Ananas, gehackt,
zum Dekorieren

## Creme

120 g weiche Butter

120 g Doppelrahmfrischkäse

280 g Puderzucker, gesiebt

50 g Kokosraspel

## Zubereitung

1   Den Backofen auf 180 °C vorheizen und eine 12er-Muffinform mit Papierbackförmchen auskleiden.

2   Butter und Zucker in einer Schüssel hell und cremig rühren. Nach und nach die Eier einarbeiten. Mehl und Backpulver darübersieben und sorgfältig unterziehen. Die Ananas unterheben.

3   Den Teig in die vorbereiteten Förmchen füllen und im vorgeheizten Ofen 15–20 Minuten backen, bis die Cupcakes aufgegangen sind und sich fest anfühlen. Aus der Form heben und auf einem Kuchengitter vollständig abkühlen lassen.

4   Für die Creme Butter und Frischkäse glatt rühren. Nach und nach den Puderzucker einarbeiten. Die Kokosraspel untermischen.

5   Die Frischkäsecreme auf den Cupcakes verstreichen und mit kandierter Ananas dekorieren.

3

3

4

# Rosen-Cupcakes

Ergibt 12 Stück

Vorbereitung: 25 Min. plus Kühlzeit

Back– und Kochzeit: 25–30 Min.

## Zutaten

120 g weiche Butter

120 g Feinstzucker

1 TL Rosenwasser

2 Eier, leicht verquirlt

120 g Mehl

1 TL Backpulver

50 g weiße Schokolade, gerieben

kandierte Rosenblütenblätter, zum Dekorieren

## Frischkäsecreme

120 g weiße Schokolade, in Stücke gebrochen

2 EL Milch

175 g Doppelrahmfrischkäse

25 g Puderzucker, gesiebt

## Zubereitung

1 Den Backofen auf 180 °C vorheizen und eine 12er-Muffinform mit Papierbackförmchen auskleiden.

2 Butter, Zucker und Rosenwasser in einer Schüssel hell und cremig aufschlagen. Nach und nach die Eier einarbeiten. Mehl und Backpulver darübersieben und sorgfältig unterziehen. Die Schokolade unterrühren.

3 Den Teig in die vorbereiteten Förmchen füllen. Im vorgeheizten Ofen 15–20 Minuten backen, bis die Cupcakes goldbraun und gut aufgegangen sind. Aus der Form heben und auf einem Kuchengitter vollständig abkühlen lassen.

4 Für die Frischkäsecreme Schokolade und Milch im Wasserbad schmelzen. Vom Herd nehmen, glatt rühren und 30 Minuten abkühlen lassen.

5 Frischkäse und Puderzucker glatt rühren, dann die Schokoladenmischung einarbeiten. Im Kühlschrank 1 Stunde setzen lassen.

6 Die Cupcakes mit der Creme bestreichen und mit den Rosenblütenblättern dekorieren.

2

3

6

# Cupcakes mit Salzkaramell

**Ergibt 20 Stück**

**Vorbereitung: 25 Min.** plus Abkühlzeit

**Back- und Kochzeit:** 30 Min.

## Zutaten

200 g Mehl

2 TL Backpulver

1 Prise Salz

125 g weiche Butter

100 g Feinstzucker

100 g heller Rohrzucker

½ Tütchen Vanillezucker

1 EL Instant-Kaffeepulver, in 1 EL heißer Milch aufgelöst

2 Eier (Größe L)

100 ml Milch

1 TL Meersalzflocken, zum Dekorieren

## Topping

125 g weiche Butter

220 g brauner Zucker

100 g Sahne

½ TL Salz

200 g Puderzucker, bei Bedarf etwas mehr

## Zubereitung

1  Den Backofen auf 180 °C vorheizen und zwei Muffinformen mit insgesamt 20 Papierbackförmchen auskleiden.

2  Mehl, Backpulver und Salz in einer Schüssel vermengen. Butter, beide Zucker und Vanillezucker in einer weiteren Schüssel hell und schaumig schlagen. Die Kaffeepaste zugeben, dann nacheinander unter ständigem Rühren die Eier zufügen. Die Hälfte der Mehlmischung und die Milch untermischen. Zum Schluss die restliche Mehlmischung einrühren.

3  Den Teig in die vorbereiteten Papierbackförmchen füllen und im vorgeheizten Ofen 20 Minuten backen, bis die Cupcakes aufgegangen und goldbraun sind. 1–2 Minuten in der Form abkühlen lassen, dann zum vollständigen Abkühlen aus der Form heben und auf ein Kuchengitter setzen.

4  Für das Topping die Butter in einem kleinen Topf auf mittlerer Stufe zerlassen, um eine Karamellsauce herzustellen. Braunen Zucker, Sahne und Salz zugeben und unter ständigem Rühren 4 Minuten köcheln, bis der Zucker vollständig aufgelöst ist. Den Topf vom Herd nehmen und 30 Minuten abkühlen lassen.

5  Den Puderzucker in die Karamellsauce rühren. Falls nötig, mehr Puderzucker zufügen, bis die gewünschte Konsistenz erzielt ist. Die Glasur in einen Spritzbeutel mit Sterntülle füllen und in Wirbeln auf die Kuchen spritzen.

6  Zum Dekorieren die Cupcakes mit den Salzflocken bestreuen.

# Glutenfreie Himbeer-Cupcakes

Ergibt 15 Stück

Vorbereitung: 20 Min. plus Abkühlzeit

Backzeit: 15–20 Min.

## Zutaten

2 Eier

175 g Feinstzucker

1 TL Glycerin

150 g glutenfreies Mehl

15 g Reismehl

½ TL Xanthan

1½ TL glutenfreies Backpulver

20 g gemahlene Mandeln

35 g glutenfreie weiße Schokoladentropfen

125 ml Sonnenblumenöl

50 ml Milch

50 g Sahne

½ Tütchen Vanillezucker

30 frische oder tiefgekühlte Himbeeren

### Buttercreme (nach Belieben)

225 g Puderzucker

60 g weiche Butter

70 g glutenfreier Frischkäse

1 EL Milch oder Sahne

frische Himbeeren, zum Dekorieren

## Zubereitung

1 Den Backofen auf 180 °C vorheizen und zwei Muffinformen mit insgesamt 15 Papierbackförmchen auskleiden.

2 Eier, Zucker und Glycerin in einer großen Schüssel aufschlagen, bis die Masse dick und schaumig ist. Mehle, Xanthan, Backpulver und gemahlene Mandeln in eine zweite Schüssel sieben. Dann die Mischung unter die Eimasse rühren und die Schokoladentropfen unterheben.

3 Öl, Milch, Sahne und Vanillezucker zugeben und alles glatt rühren.

4 Den Teig gleichmäßig auf die Muffinformen verteilen, dann je 2 frische Himbeeren in jede Mulde drücken.

5 15–20 Minuten backen, bis die Muffins gut aufgegangen sind. Der Teig sollte sich fest anfühlen und goldbraun sein. Auf einem Kuchengitter abkühlen lassen.

6 Für die Buttercreme, falls verwendet, alle Zutaten in einer großen Schüssel verquirlen, bis die Masse fest ist. In einen Spritzbeutel füllen und auf den abgekühlten Muffins verteilen.

# Bratapfel-Cupcakes mit Streuseln

Ergibt 12 Stück

Vorbereitung: 25 Min. plus Abkühlzeit

Backzeit: 20–25 Min.

## Zutaten

50 g weiche Butter

70 g heller Rohrzucker

1 Ei, leicht verquirlt

150 g Mehl

1 TL Backpulver

½ TL Lebkuchengewürz

1 großer Kochapfel, geschält, entkernt und fein gehackt

1 EL Orangensaft

## Streusel

40 g Mehl

½ TL Lebkuchengewürz

25 g Butter

40 g Feinstzucker

## Zubereitung

1 Den Backofen auf 180 °C vorheizen und eine 12er-Muffinform mit Papierbackförmchen auskleiden.

2 Für die Streusel Mehl, Lebkuchengewürz, Butter und Zucker in einer großen Schüssel mit den Fingern verreiben, bis feine Krümel entstehen. Beiseitestellen.

3 Butter und Zucker in einer großen Schüssel schaumig schlagen. Nach und nach das Ei untermischen. Das Mehl in die Schüssel sieben, Backpulver und Lebkuchengewürz dazustreuen und alles vorsichtig zu einem Teig verarbeiten. Schließlich die gehackten Äpfel und den Orangensaft unterheben.

4 Den Teig auf die Papierbackförmchen verteilen. Streusel auf jede Teigportion geben und vorsichtig andrücken. Im vorgeheizten Ofen 20–25 Minuten backen, bis der Teig gut aufgegangen, goldbraun und fest ist. Auf einem Kuchengitter vollständig abkühlen lassen.

# Saftige Zitronenmuffins

Ergibt 18 Stück

Vorbereitung: 20 Min. plus Abkühlzeit

Backzeit: 20 Min.

## Zutaten

175 g weiche Butter

175 g heller Rohrzucker

175 g Mehl, gesiebt

2 TL Backpulver

3 Eier (Größe L)

3 EL Lemon Curd, ersatzweise Zitronenmarmelade

## Glasur

100 g Zucker

Saft und abgeriebene Schale von 1 Bio-Zitrone

## Zubereitung

1   Den Backofen auf 180 °C vorheizen und zwei Muffinformen mit insgesamt 18 Papierbackförmchen auskleiden.

2   Butter, Zucker, Mehl, Backpulver und Eier in einer großen Schüssel mit einem Handrührgerät gründlich vermengen. Lemon Curd unterheben und den Teig in die Papierbackförmchen füllen.

3   20 Minuten backen, bis die Muffins aufgegangen und goldbraun sind. Die Zutaten für die Glasur in einer Schüssel verrühren, während die Muffins im Ofen sind.

4   Die Muffins aus dem Ofen nehmen und 2 Minuten abkühlen lassen, dann gleich mit der Glasur bestreichen. So wird die Glasur während des Abkühlens knusprig.

# Schoko-Cupcakes

Ergibt 16 Stück

Vorbereitung: 25 Min.
plus Kühlzeit

Back- und Kochzeit:
25 Min.

## Zutaten

100 g weiche Butter

100 g Feinstzucker

2 Eier, leicht verquirlt

2 EL Milch

50 g Zartbitterschokoladentropfen

220 g Mehl

2 TL Backpulver

25 g Kakaopulver, plus etwas mehr
zum Bestäuben

## Creme

225 g weiße Schokolade,
in Stücke gebrochen

150 g Doppelrahmfrischkäse

## Zubereitung

1   Den Backofen auf 180 °C vorheizen und zwei Muffinformen mit insgesamt 16 Papierbackförmchen auskleiden.

2   Butter und Zucker in einer Schüssel hell und cremig rühren. Nach und nach die Eier sorgfältig einarbeiten. Falls die Masse zu gerinnen beginnt, etwas Mehl zufügen. Die Milch unterrühren und die Schokoladentropfen unterheben.

3   Mehl, Backpulver und Kakaopulver darübersieben und mit einem Metalllöffel oder Teigschaber unter die Buttermasse ziehen. Den Teig in die vorbereiteten Formen füllen und glatt streichen.

4   Im vorgeheizten Ofen 20 Minuten backen, bis die Cupcakes aufgegangen sind und sich fest anfühlen. Auf ein Kuchengitter heben und vollständig abkühlen lassen.

5   Für die Creme die Schokolade im Wasserbad schmelzen. Etwas abkühlen lassen. Den Frischkäse cremig rühren, dann die Schokolade unterziehen. Die Cupcakes großzügig damit bestreichen und 1 Stunde kalt stellen. Mit etwas Kakaopulver bestäubt servieren.

# Aprikosen-Vollkorn-Cupcakes

**Ergibt 12 Stück**  **Vorbereitung: 25 Min.** plus Abkühlzeit  **Backzeit: 15–20 Min.**

## Zutaten

120 g weiche Butter

90 g heller Rohrzucker

2 EL fester Honig

2 Eier, leicht verquirlt

120 g Weizenvollkornmehl

1½ TL Backpulver

1 TL Lebkuchengewürz

80 g getrocknete Aprikosen, gehackt

2 EL Aprikosenkonfitüre, erwärmt und passiert

in Streifen geschnittene getrocknete Aprikosen, zum Dekorieren

## Zubereitung

1   Den Backofen auf 180 °C vorheizen und eine 12er-Muffinform mit Papierbackförmchen auskleiden.

2   Butter, Zucker und Honig in einer Schüssel hell und cremig aufschlagen. Nach und nach die Eier zugeben und kräftig unterrühren. Mehl, Backpulver und Lebkuchengewürz darübersieben (alle Rückstände aus dem Sieb ebenfalls in den Teig geben), die Aprikosen zufügen und mit einem Metalllöffel vorsichtig unterheben. Den Teig in die Papierbackförmchen füllen.

3   15–20 Minuten backen, bis die Cupcakes aufgegangen und goldbraun sind und sich fest anfühlen. Auf einem Kuchengitter abkühlen lassen.

4   Die abgekühlten Cupcakes mit der warmen Aprikosenkonfitüre bestreichen und mit einem Aprikosenstreifen dekorieren.

# Bananen-Pekannuss-Cupcakes

**Ergibt 20 Stück**

**Vorbereitung: 30 Min.** plus Abkühlzeit

**Backzeit: 20 Min.**

## Zutaten

225 g Mehl

1½ TL Backpulver

½ TL Natron

2 reife Bananen

120 g weiche Butter

120 g Feinstzucker

1 Tütchen Vanillezucker

2 Eier, leicht verquirlt

4 EL Schmand

50 g Pekannüsse, grob gehackt

20 Pekannusshälften, zum Dekorieren

## Creme

120 g weiche Butter

175 g Puderzucker

## Zubereitung

1 Den Backofen auf 180 °C vorheizen und zwei Muffinformen mit insgesamt 20 Papierbackförmchen auskleiden.

2 Mehl, Backpulver und Natron in eine Schüssel sieben. Die Bananen mit einer Gabel zerdrücken. Butter, Zucker und Vanillezucker in einer großen Schüssel schaumig schlagen. Die Eier nach und nach hinzugeben und jeweils gründlich verrühren. Zerdrückte Bananen und Schmand einrühren.

3 Die Nüsse grob hacken. Mit einem Metalllöffel die Mehlmischung und die Nüsse unterziehen, dann den Teig in die Papierbackförmchen füllen. 20 Minuten backen, bis die Cupcakes goldbraun sind und sich fest anfühlen. Auf einem Kuchengitter abkühlen lassen.

4 Für die Buttercreme zunächst die Butter in einer Schüssel schaumig schlagen. Dann den Puderzucker darübersieben und alles gut verrühren. Die Buttercreme vor dem Servieren auf die Cupcakes spritzen und mit den Pekannüssen dekorieren.

# Muffins mit Schokoherz

Ergibt 9 Maxi-Muffins

Vorbereitung: 20 Min.
plus Abkühlzeit

Backzeit: 20–25 Min.

## Zutaten

175 g weiche Butter

175 g Feinstzucker

3 Eier (Größe L)

250 g Mehl

2 TL Backpulver

3 EL Kakaopulver

175 g Zartbitterschokolade

Puderzucker, zum Bestäuben

## Zubereitung

1 Den Backofen auf 180 °C vorheizen und eine oder zwei Maxi-Muffinformen (100 ml Volumen) mit insgesamt neun Papierbackförmchen auskleiden.

2 Butter, Zucker, Eier, Mehl, Backpulver und Kakaopulver in einer großen Schüssel mit einem Handrührgerät zu einem glatten Teig verarbeiten.

3 Die Hälfte des Teigs auf die Papierformen verteilen. Die Schokolade in neun Stücke brechen und je eins in jede Mulde legen. Dann die zweite Hälfte des Teigs auf die neun Formen verteilen.

4 20–25 Minuten backen, bis der Teig gut aufgegangen ist und sich fest anfühlt. 2–3 Minuten abkühlen lassen, dann mit Puderzucker bestäuben und noch warm servieren.

# Schokokeks-Cupcakes

Ergibt 20 Stück

Vorbereitung: 35 Min. plus Abkühlzeit

Back- und Kochzeit: 30–40 Min.

## Zutaten

250 g Plätzchenteig mit Schokoladenstücken (Fertigprodukt)

200 g Mehl

2 TL Backpulver

1 Msp. Salz

120 g weiche Butter

50 g Feinstzucker

100 g heller Rohrzucker

½ Tütchen Vanillezucker

2 Eier (Größe L)

125 ml Milch

50 g Schokoladentropfen, zum Dekorieren

## Glasur

3 Eiweiß (Größe L)

160 g heller Rohrzucker

½ Tütchen Vanillezucker

160 g weiche Butter

## Zubereitung

1 Den Backofen auf 180 °C vorheizen und zwei Muffinformen mit insgesamt 20 Papierbackförmchen auskleiden.

2 Den Fertigteig in 20 gleich große Portionen teilen, diese zu Kugeln rollen, in die Papierbackförmchen legen und flach drücken. Im vorgeheizten Ofen 8–10 Minuten backen, bis sie leicht braun werden. Die Formen aus dem Ofen nehmen.

3 Mehl, Backpulver und Salz in einer Schüssel vermengen. Butter, beide Zuckersorten und Vanillezucker in einer weiteren Schüssel hell und schaumig schlagen. Die Eier unter ständigem Rühren nacheinander zufügen. Die Hälfte der Mehlmischung und die Milch untermischen. Zum Schluss die restliche Mehlmischung einrühren.

4 Den Teig auf die Papierbackförmchen verteilen und 20 Minuten im vorgeheizten Ofen backen, bis die Cupcakes aufgegangen sind und ein in die Mitte gestochener Holzspieß sauber wieder herauskommt. 1–2 Minuten in der Form abkühlen lassen, dann zum vollständigen Abkühlen aus der Form nehmen und auf ein Kuchengitter setzen.

5   Für die Glasur Eiweiß, Zucker und Vanillezucker im Wasserbad schlagen, bis der Zucker vollständig aufgelöst ist. Vom Herd nehmen und 4–5 Minuten weiterschlagen. Die Butter esslöffelweise zufügen und weiterrühren, bis sich weiße Spitzen bilden.

6   Die Glasur in einen Spritzbeutel mit Sterntülle füllen und in Wirbeln auf die Cupcakes spritzen. Zum Schluss mit Schokoladentropfen bestreuen.

# Cranberry-Cupcakes

Ergibt 10 Stück

Vorbereitung: 15 Min.
plus Abkühlzeit

Backzeit: 15–20 Min.

## Zutaten

75 g weiche Butter

100 g Feinstzucker

1 Ei (Größe L), leicht verquirlt

2 EL Milch

100 g Mehl

1 TL Backpulver

75 g Cranberrys

## Zubereitung

1 Den Backofen auf 180 °C vorheizen und eine Muffinform mit 10 Papierbackförmchen auskleiden.

2 Butter und Zucker in einer Schüssel cremig rühren. Nach und nach Ei und Milch unterrühren. Mehl und Backpulver darübersieben und mit einem großen Metalllöffel unterziehen. Die Cranberrys unterheben, dann den Teig in die Papierbackförmchen füllen.

3 Im vorgeheizten Ofen 15–20 Minuten backen, bis die Cupcakes aufgegangen und goldbraun sind. Auf einem Kuchengitter vollständig abkühlen lassen.

# Erdnussbutter-Cupcakes

**Ergibt 18 Stück**

**Vorbereitung: 25 Min. plus Abkühlzeit**

**Backzeit: 20 Min.**

## Zutaten

50 g weiche Butter

225 g heller Rohrzucker

1 Tütchen Vanillezucker

120 g grobe Erdnussbutter

2 Eier, leicht verquirlt

225 g Mehl

2 TL Backpulver

100 ml Milch

gehackte ungesalzene Erdnüsse, zum Dekorieren

## Creme

200 g Doppelrahmfrischkäse

25 g weiche Butter

225 g Puderzucker

## Zubereitung

1  Den Backofen auf 180 °C vorheizen und zwei Muffinformen mit 18 Papierbackförmchen auskleiden.

2  Butter, Zucker, Vanillezucker und Erdnussbutter 1–2 Minuten in einer Schüssel gründlich verrühren. Die Eier nach und nach einrühren. Mehl und Backpulver darübersieben und mit einem Metalllöffel unterziehen. So viel Milch zugießen und einrühren, bis der Teig zäh vom Löffel reißt. Den Teig in die Papierbackförmchen füllen.

3  Die Cupcakes im Ofen 20 Minuten goldbraun backen. Auf einem Kuchengitter abkühlen lassen.

4  Für die Creme Frischkäse und Butter in einer großen Schüssel mit einem Handrührgerät zu einer glatten Masse verarbeiten. Den Puderzucker über die Mischung sieben und gut unterrühren. Die Frischkäsemischung in eine Spritztüte mit großer Sterntülle füllen, in Rosetten auf die abgekühlten Cupcakes spritzen und gehackte Erdnüsse darüberstreuen. Die Cupcakes bis zum Servieren kalt stellen.

# Cupcakes
# mit „frostigen" Beeren

Ergibt 12 Stück        Vorbereitung: 40 Min.        Backzeit: 15–20 Min.
                       plus Abkühlzeit

## Zutaten

120 g weiche Butter

120 g Feinstzucker

2 TL Orangenblütenwasser

2 Eier (Größe L), verquirlt

50 g gemahlene Mandeln

120 g Mehl

1 TL Backpulver

2 EL Milch

## Mascarponecreme

300 g Mascarpone

80 g Feinstzucker

4 EL Orangensaft

## Zum Dekorieren

200 g frische Beeren

kleine Minzeblätter

1 Eiweiß, verquirlt

30 g Feinstzucker

## Zubereitung

1   Den Backofen auf 180 °C vorheizen und eine 12er-Muffinform mit Papierbackförmchen auskleiden.

2   Butter, Zucker und Orangenblütenwasser in einer großen Schüssel hell und cremig aufschlagen. Nach und nach die Eier einarbeiten. Die Mandeln unterrühren, Mehl und Backpulver darübersieben und zusammen mit der Milch sorgfältig mit einem Löffel unterziehen.

3   Den Teig in die vorbereiteten Förmchen füllen und im vorgeheizten Ofen 15–20 Minuten backen, bis die Cupcakes goldbraun und gut aufgegangen sind. Aus der Form heben und auf einem Kuchengitter vollständig abkühlen lassen.

4   Für die Creme alle Zutaten in einer Schüssel glatt rühren.

5   Die Creme auf den Cupcakes verstreichen. Beeren und Minzeblätter mit Eiweiß bestreichen, in Zucker wenden und trocknen lassen. Kurz vor dem Servieren die Cupcakes mit Beeren und Minze dekorieren.

# Schokoparadies-Cupcakes

Ergibt 16 Stück

Vorbereitung: 40 Min. plus
Kühl- und Trockenzeit

Back- und Kochzeit:
30–35 Min.

## Zutaten

80 g Zartbitterschokolade,
in Stücke gebrochen

50 ml Milch

1 EL Kakaopulver

120 g weiche Butter

120 g brauner Zucker

2 Eier (Größe L), leicht verquirlt

3 EL Schmand

175 g Mehl

1½ TL Backpulver

## Topping

100 g weiße Marshmallows

3 EL Milch

250 g Sahne

50 g Kokosflocken

50 g Zartbitterschokolade,
geschmolzen

## Zubereitung

1  Den Backofen auf 180 °C vorheizen und zwei Muffinformen mit insgesamt 16 Papierbackförmchen auskleiden.

2  Schokolade, Milch und Kakaopulver im Wasserbad schmelzen. Vom Herd nehmen und glatt rühren.

3  Butter und Zucker in eine große Schüssel geben und cremig schlagen. Nach und nach die Eier einrühren, dann geschmolzene Schokolade und Schmand zugeben und einarbeiten. Mehl und Backpulver darübersieben und mit einem Metalllöffel unterheben.

4  Die Mischung auf die Papierbackförmchen verteilen. 20 Minuten backen, bis der Teig aufgegangen und goldbraun ist und sich fest anfühlt. Auf einem Kuchengitter abkühlen lassen.

5  Für das Topping Marshmallows und Milch im Wasserbad erhitzen, dabei gelegentlich rühren, bis die Marshmallows geschmolzen sind. Vom Herd nehmen und glatt rühren. Abkühlen lassen. Die Sahne steif schlagen und mit zwei Drittel der Kokosflocken unter die Marshmallowcreme ziehen. Abdecken und 30 Minuten im Kühlschrank stocken lassen.

6  Die Kokoscreme auf den Cupcakes verstreichen. Mit den verbliebenen Kokosflocken bestreuen. Die geschmolzene Schokolade in einen kleinen Spritzbeutel aus Papier füllen, eine sehr kleine Ecke abschneiden und ein Gitter aus Schokoladenstreifen aufbringen. Im Kühlschrank fest werden lassen.

# Zitronen-Polenta-Cupcakes

Ergibt 12 Stück

Vorbereitung: 25 Min. plus Abkühlzeit

Backzeit: 20 Min.

## Zutaten

120 g weiche Butter

120 g heller Rohrzucker

fein abgeriebene Schale und Saft von ½ Bio-Zitrone

2 Eier, leicht verquirlt

50 g Mehl

1 TL Backpulver

50 g Instant-Polenta

kandierte Veilchen, zum Dekorieren

## Creme

150 g Mascarpone

2 TL fein abgeriebene Schale von einer Bio-Zitrone

25 g Puderzucker, gesiebt

## Zubereitung

1 Den Backofen auf 180 °C vorheizen und eine 12er-Muffinform mit Papierbackförmchen auskleiden.

2 Butter und Zucker in einer Schüssel schaumig schlagen. Zitronenschale und -saft unterrühren. Nach und nach die Eier einarbeiten. Mehl und Backpulver darübersieben, Polenta zufügen und mit einem Metalllöffel unterheben. Den Teig in die Papierbackförmchen füllen.

3 20 Minuten im Ofen backen, bis die Cupcakes goldbraun sind und sich fest anfühlen. Auf einem Kuchengitter abkühlen lassen.

4 Für die Creme den Mascarpone glatt rühren, Zitronenschale und Puderzucker hinzugeben und alles vermischen. Die Creme auf den Cupcakes verstreichen und diese bis zum Servieren in den Kühlschrank stellen. Jeden Cupcake mit einem kandierten Veilchen dekorieren und servieren.

# Zitrustörtchen mit Zuckerguss

Ergibt 12 Stück | Vorbereitung: 25 Min. plus Abkühlzeit | Backzeit: 20 Min.

## Zutaten

120 g weiche Butter

120 g heller Rohrzucker

fein abgeriebene Schale von ½ Bio-Zitrone

2 Eier (Größe L), leicht verquirlt

175 g Mehl

2 TL Backpulver

40 g gemahlene Mandeln

50 g Zitronat

## Glasur

50 g Puderzucker

## Zubereitung

1 Den Backofen auf 180 °C vorheizen und eine 12er-Muffinform mit Papierbackförmchen auskleiden.

2 Butter, Zucker und Zitronenschale in einer Schüssel hell und cremig rühren. Nach und nach die Eier unterrühren. Mehl und Backpulver darübersieben, die gemahlenen Mandeln zufügen und mit einem Metalllöffel vorsichtig unterheben.

3 Den Teig in die vorbereiteten Formen füllen und jedes Törtchen mit etwas Zitronat belegen. 20 Minuten im Ofen backen, bis die Törtchen aufgegangen und goldbraun sind. Auf einem Kuchengitter abkühlen lassen.

4 Für die Glasur den Puderzucker in eine Schüssel sieben und nur so viel Wasser (etwa 3 Teelöffel) unterrühren, bis ein dünnflüssiger Guss entsteht. Jedes Törtchen dünn mit Guss bestreichen. Fest werden lassen.

# Neapolitanische Cupcakes

**Ergibt 14 Stück**     **Vorbereitung: 35 Min.** plus Kühlzeit     **Backzeit: 15–20 Min.**

## Zutaten

140 g Mehl

2 TL Backpulver

140 g weiche Butter

140 g Feinstzucker

2 Eier (Größe L), leicht verquirlt

1 Tütchen Vanillezucker

1 EL Milch

1 EL Kakaopulver, mit etwas heißem Wasser zu einer Paste verrührt

## Topping

175 g Doppelrahmfrischkäse

120 g weiche Butter

350 g Puderzucker, gesiebt

1 EL Erbeerkonfitüre, erwärmt und durch ein Sieb gestrichen

rosa Lebensmittelfarbe

Schokoladenstreusel und Eiswaffeln, zum Dekorieren

## Zubereitung

1 Den Backofen auf 180 °C vorheizen und zwei Muffinformen mit insgesamt 14 Papierbackförmchen auskleiden.

2 Mehl und Backpulver in eine große Schüssel sieben. Butter, Zucker und Eier zugeben und mit einem Handrührgerät zu einer hellen, cremigen Masse verarbeiten.

3 Den Teig auf zwei Schüsseln verteilen. Vanillezucker und Milch in eine Teigportion rühren, die Kakaopulverpaste in die andere.

4 Die beiden Teigsorten abwechselnd teelöffelweise auf die Papierbackförmchen verteilen. 15–20 Minuten backen, bis der Teig aufgegangen und goldbraun ist und sich fest anfühlt. Auf einem Kuchengitter abkühlen lassen.

5 Für das Topping Frischkäse und Butter mit dem Spatel in einer Schüssel verrühren. Den Puderzucker zugeben und alles glatt und cremig rühren. Die Masse auf zwei Schüsseln verteilen. Konfitüre und etwas Lebensmittelfarbe an die eine Portion geben und unterrühren, die andere weiß belassen. Die Schüsseln abdecken und etwa 30 Minuten kühl stellen.

6 Die Frischkäsecremes esslöffelweise abwechselnd in einen großen Spritzbeutel mit großer Sterntülle füllen. Jeden Cupcake mit einem großzügigen Cremewirbel verzieren. Mit Schokostreuseln und Waffeln dekorieren.

# Mokka-Cupcakes mit Sahnehäubchen

Ergibt 12 Stück

Vorbereitung: 25 Min. plus Abkühlzeit

Koch– und Backzeit: 20–30 Min.

## Zutaten

2 EL Instant-Espressopulver

80 g weiche Butter

80 g Zucker

1 EL klarer Honig

225 g Mehl

2 EL Kakaopulver

1 TL Natron

3 EL Milch

1 Ei (Größe L), leicht verquirlt

## Häubchen

200 g Sahne

Kakaopulver, zum Bestäuben

## Zubereitung

1 Den Backofen auf 180 °C vorheizen und eine 12er-Muffinform mit Papierbackförmchen auskleiden.

2 Espressopulver, Butter, Zucker, Honig und 200 ml Wasser in einem Topf erhitzen und rühren, bis sich der Zucker vollständig aufgelöst hat. Zum Kochen bringen, dann die Hitze reduzieren und 5 Minuten köcheln. In eine große Schüssel gießen und abkühlen lassen.

3 Mehl und Kakaopulver darübersieben. Das Natron in der Milch auflösen, dann mit dem verquirlten Ei in die Teigmischung geben und alles glatt rühren.

4 Den Teig in die Papierbackförmchen füllen. 15–20 Minuten backen, bis die Cupcakes sich fest anfühlen. Auf einem Kuchengitter abkühlen lassen.

5 Für die Häubchen die Sahne in einer Schüssel steif schlagen. Je 1 Esslöffel Schlagsahne auf jeden Cupcake geben und mit Kakaopulver bestäuben. Die Cupcakes bis zum Servieren kalt stellen.

# Mandel-Kirsch-Minis

**Ergibt 12 Minis**     **Vorbereitung: 25 Min. plus Abkühlzeit**     **Backzeit: 12–15 Min.**

## Zutaten

60 g weiche Butter, plus etwas mehr zum Einfetten

60 g Feinstzucker

60 g Mehl

½ TL Backpulver

25 g gemahlene Mandeln

1 Ei

3 Tropfen Bittermandelaroma

12 Kirschen, frisch oder aus dem Glas

25 g Mandelblättchen

Puderzucker, gesiebt, zum Bestäuben

Crème fraîche, zum Servieren (nach Belieben)

## Zubereitung

1 Den Backofen auf 180 °C vorheizen und eine Mini-Muffinform leicht mit Butter einfetten.

2 Butter, Zucker, Mehl, Backpulver und Mandeln in einer Rührschüssel verrühren. Ei und Bittermandelaroma zufügen und alles kurz mit einem Holzlöffel glatt rühren.

3 Den Teig in die Vertiefungen der Backform füllen und je eine Kirsche auf jedes Törtchen drücken. Mit Mandelblättchen bestreuen. 12–15 Minuten im vorgeheizten Ofen backen, bis die Törtchen aufgegangen sind und sich fest anfühlen.

4 Aus dem Ofen nehmen und 5 Minuten abkühlen lassen, dann aus der Form lösen und auf einem Kuchengitter vollständig abkühlen lassen. Mit Puderzucker bestäuben und nach Belieben mit einem Klecks Crème fraîche servieren.

# Zitronenfalter

Ergibt 12 Stück

Vorbereitung: 30 Min. plus Abkühlzeit

Backzeit: 15–20 Min.

## Zutaten

120 g Mehl

1½ TL Backpulver

120 g weiche Margarine

120 g Feinstzucker

2 Eier, leicht verquirlt

fein abgeriebene Schale von ½ Bio-Zitrone

2 EL Milch

gesiebter Puderzucker, zum Bestäuben

## Creme

90 g weiche Butter

175 g Puderzucker

1 EL Zitronensaft

## Zubereitung

1 Den Backofen auf 180 °C vorheizen und eine 12er-Muffinform mit Papierbackförmchen auskleiden.

2 Mehl und Backpulver in eine große Schüssel sieben. Margarine, Zucker, Eier, Zitronenschale und Milch zufügen und mit einem Handrührgerät zu einer glatten Masse verarbeiten. Den Teig in die Papierbackförmchen füllen.

3 15–20 Minuten im vorgeheizten Ofen backen, bis die Cupcakes aufgegangen und goldbraun sind. Auf einem Kuchengitter abkühlen lassen.

4 Für die Creme die Butter in einer Schüssel glatt rühren. Den Puderzucker darübersieben, den Zitronensaft zufügen und alles verrühren, bis die Mischung glatt und cremig ist.

5 Wenn die Cupcakes abgekühlt sind, mit einem Sägemesser von jedem Cupcake einen Deckel abschneiden. Dann den Teig-deckel halbieren. Auf jeden Cupcake etwas Creme streichen oder spritzen, dann die beiden „Flügel" schräg in die Creme stecken. Vor dem Servieren mit Puderzucker bestäuben.

## Variation

Wenn Sie eine etwas andere Geschmacksrichtung bevorzugen, können Sie Zitronensaft und -schale durch Limettensaft und -schale ersetzen.

# FÜR FESTTAGE

# Geburtstags-Cupcakes

**Ergibt 24 Stück**

**Vorbereitung: 40 Min.**
plus Abkühlzeit

**Backzeit: 15–20 Min.**

## Zutaten

225 g weiche Margarine

225 g Feinstzucker

4 Eier

225 g Mehl, gesiebt

2 TL Backpulver

kleine Süßigkeiten, z. B. Schokolinsen,
Dekorzucker, Zuckerblüten,
Liebesperlen, Streusel

Kerzen und Kerzenhalter (optional)

## Creme

175 g weiche Butter

350 g Puderzucker

## Zubereitung

1   Den Backofen auf 180 °C vorheizen und zwei 12er-Muffin-
formen mit Papierbackförmchen auskleiden.

2   Margarine, Zucker, Eier, Mehl und Backpulver in einer großen
Schüssel mit einem Handrührgerät kurz zu einem glatten Teig
verarbeiten.

3   Den Teig auf die Papierbackförmchen verteilen. 15–20 Minuten
backen, bis der Teig aufgegangen und goldbraun ist und sich fest
anfühlt. Auf einem Kuchengitter abkühlen lassen.

4   Für die Creme die Butter in einer Schüssel aufschlagen. Den
Puderzucker darübersieben und alles glatt und cremig rühren.
Die Mischung in einen Spritzbeutel mit großer Sterntülle
füllen. Wenn die Cupcakes abgekühlt sind, die Buttercreme in
einem Ring daraufspritzen. Nach Belieben dekorieren und, falls
gewünscht, eine Kerze in die Mitte jedes Cupcakes setzen.

### Variation
Für Schokoladenfreunde die Creme mit Schokolade anreichern
und alles mit Schokoladenstreuseln und -hobeln dekorieren.

# Kirsch-Sahne-Cupcakes

Ergibt 18 Stück

Vorbereitung: 30 Min. plus Abkühlzeit

Back- und Kochzeit: 30–35 Min.

## Zutaten

175 g weiche Butter

175 g Feinstzucker

1 Tütchen Vanillezucker

3 Eier, verquirlt

200 g Mehl

2 TL Backpulver

50 g Belegkirschen, gehackt

### Schokoladensauce

80 g Zartbitterschokolade, in Stücke gebrochen

25 g Butter

1 EL heller Sirup

### Zum Dekorieren

600 g Sahne

1 Tütchen Sahnesteif

2 EL geröstete, gehackte Nüsse

rosa Dekorzucker

18 Beleg- oder Cocktailkirschen

## Zubereitung

1   Den Backofen auf 180 °C vorheizen und zwei Muffinformen mit insgesamt 18 Papierbackförmchen auskleiden.

2   Butter, Zucker und Vanillezucker in einer großen Schüssel hell und cremig rühren. Nach und nach Eier einarbeiten. Mehl und Backpulver darübersieben und mit einem Metalllöffel sorgfältig unterziehen. Die Belegkirschen unterheben.

3   Den Teig in die vorbereiteten Förmchen füllen und im vorgeheizten Ofen 25 Minuten backen, bis die Cupcakes goldbraun und gut aufgegangen sind. Aus der Form lösen und auf einem Kuchengitter vollständig abkühlen lassen.

4   Für die Schokoladensauce Schokolade mit Butter und Sirup im Wasserbad schmelzen. Dann unter gelegentlichem Rühren 20–30 Minuten abkühlen lassen.

5   Die Sahne mit Sahnesteif aufschlagen. In einen Spritzbeutel mit großer Sterntülle füllen und großzügig auf die Cupcakes spritzen. Mit der Schokoladensauce beträufeln. Mit Nüssen und Dekorzucker bestreuen, dann je 1 Kirsche daraufsetzen.

# Kindergeburtstags-Cupcakes

Ergibt 15 Stück          Vorbereitung: 25 Min.          Backzeit: 18–22 Min.
plus Abkühlzeit

## Zutaten

150 g weiche Butter

150 g Feinstzucker

3 Eier, verquirlt

150 g Mehl

1½ TL Backpulver

2 EL Knallbrause mit
Erdbeergeschmack

kleine Süßigkeiten nach Wahl,
zum Dekorieren

## Buttercreme

175 g weiche Butter

2 EL Milch

350 g Puderzucker

Lebensmittelfarbe in Pink und Gelb

## Zubereitung

1  Den Backofen auf 180 °C vorheizen und zwei Muffinformen mit insgesamt 15 Papierbackförmchen auskleiden.

2  Butter und Zucker in einer großen Schüssel hell und cremig rühren. Nach und nach die Eier einarbeiten. Mehl und Backpulver darübersieben und mit einem Metalllöffel sorgfältig unterziehen. Die Hälfte der Knallbrause unterheben.

3  Den Teig in die vorbereiteten Förmchen füllen und im vorgeheizten Ofen 18–22 Minuten backen, bis die Cupcakes goldbraun und gut aufgegangen sind. Aus der Form heben und auf einem Kuchengitter vollständig abkühlen lassen.

4  Für die Buttercreme die Butter in einer Schüssel hell und cremig rühren. Die Milch einarbeiten. Den Puderzucker portionsweise darübersieben und unterrühren. Weitere 2–3 Minuten rühren, bis die Creme luftig und locker ist. Die Buttercreme auf zwei Schüsseln aufteilen und mit Lebensmittelfarbe pink bzw. gelb einfärben.

5  Die Buttercreme in einen Spritzbeutel mit Sterntülle füllen und auf die Cupcakes spritzen. Dicht mit Süßigkeiten dekorieren. Unmittelbar vor dem Servieren mit der übrigen Knallbrause bestreuen.

FÜR FESTTAGE

# „99"er-Cupcakes

**Ergibt 18 Stück**    **Vorbereitung: 25 Min.** plus Abkühlzeit    **Backzeit: 20–25 Min.**

## Zutaten

175 g weiche Butter

175 g Feinstzucker

1 Tütchen Vanillezucker

3 Eier, leicht verquirlt

160 g Mehl, gesiebt

2 TL Backpulver

60 g gemahlene Mandeln

## Creme

250 g weiche Butter

1 EL Sahne oder Milch

350 g Puderzucker, gesiebt

## Belag

18 „99 Flakes" von Cadbury, ersatzweise Waffeletten von Bahlsen, Schokoriegel oder Cigarettes russes

bunte Zuckerperlen

## Zubereitung

1   Den Backofen auf 180 °C vorheizen und zwei Muffinformen mit insgesamt 18 Papierbackförmchen auskleiden.

2   Butter, Zucker und Vanillezucker in einer großen Schüssel schaumig schlagen. Die Eier nach und nach einrühren, dann Mehl, Backpulver und Mandeln unterheben.

3   Den Teig in die vorbereiteten Formen füllen und in der Mitte leicht eindrücken. 20–25 Minuten goldgelb backen. Die Cupcakes sollten auf Fingerdruck elastisch nachgeben. Auf einem Kuchengitter abkühlen lassen.

4   Für die Creme die Butter in einer großen Rührschüssel 2–3 Minuten aufschlagen, bis sie blass und cremig ist. Sahne und Puderzucker zufügen und weitere 2–3 Minuten rühren, bis die Buttercreme glatt und locker ist.

5   In einen Spritzbeutel mit großer Sterntülle füllen und in Wirbeln aufspritzen. Sie sollte wie eine Softeisspitze aussehen. Je einen „99 Flake" in die Buttercreme stecken und mit Zuckerperlen dekorieren.

# Freche-Äffchen-Cupcakes

Ergibt 12 Stück

Vorbereitung: 40 Min.
plus Abkühlzeit

Backzeit: 15–20 Min.

## Zutaten

125 g weiche Butter

100 g heller Rohrzucker

1 EL Honig

2 Eier, leicht verquirlt

100 g Mehl

1 TL Backpulver

2 EL Kakaopulver

## Zum Dekorieren

350 g cremefarbener Rollfondant

braune Lebensmittelfarbe

Puderzucker, zum Bestäuben

2 EL Schokoladen- oder
Nuss-Nugat-Creme

24 Schokotaler

weiße und schwarze Zuckerschrift
aus der Tube

## Zubereitung

1 Den Ofen auf 180 °C vorheizen und eine 12er-Muffinform mit Papierbackförmchen auskleiden.

2 Butter, Zucker und Honig in einer großen Schüssel aufschlagen, bis eine helle, schaumige Masse entsteht. Nach und nach die Eier unterrühren. Mehl, Backpulver und Kakaopulver darübersieben und mit einem Metalllöffel unterheben.

3 Den Teig auf die Papierbackförmchen verteilen. 15–20 Minuten backen, bis der Teig aufgegangen ist und sich fest anfühlt. Auf einem Kuchengitter abkühlen lassen.

4 Unterdessen zwei Drittel des Rollfondants abtrennen, mit brauner Lebensmittelfarbe einfärben und auf einer mit Puderzucker bestäubten Arbeitsfläche 5 mm dick ausrollen. 12 Kreise (7 cm Ø) ausstechen. Aus den Resten 12 winzige Kugeln als Nasen formen. Den cremefarbenen Fondant ebenfalls 5 mm dick ausrollen und mit einer großen, glatten Spritzbeuteltülle 24 kleine Kreise für die Augen ausstechen. Die Reste nochmals ausrollen und 12 Ovale für die Mundregion ausschneiden.

5 Die Cupcakes mit einer dünnen Schicht Schokocreme bestreichen und darauf die braunen Fondantkreise legen. Zwei cremeweiße Kreise (Augen) und ein Oval mit einigen Tropfen Wasser darauf befestigen, sodass ein Affengesicht entsteht. Je zwei Schokotaler rechts und links als Ohren mit etwas Zuckerschrift aus der Tube befestigen. Mit der Zuckerschrift dann Pupillen und Mund aufzeichnen und je ein Fondantkügelchen als Nase in die Mitte drücken.

2

5

5

# Zitronen-Cupcakes mit Baiserhaube

Ergibt 4 Stück    Vorbereitung: 20 Min.    Backzeit: 20 Min.

## Zutaten

80 g weiche Butter, plus etwas mehr zum Einfetten

80 g Feinstzucker

fein abgeriebene Schale und Saft von ½ Bio-Zitrone

1 Ei (Größe L), leicht verquirlt

80 g Mehl

1 TL Backpulver

2 EL Lemon Curd

### Baiser

2 Eiweiß

120 g Feinstzucker

## Zubereitung

1   Den Backofen auf 180 °C vorheizen und 4 ofenfeste Tassen (150 ml Volumen) oder Ramequin-Formen mit Butter einfetten.

2   Butter, Zucker und Zitronenschale in einer Schüssel schaumig schlagen. Nach und nach das Ei einarbeiten. Mehl und Backpulver darübersieben, den Zitronensaft zufügen und mit einem Metalllöffel vorsichtig unterheben. Den Teig auf die Tassen oder Formen verteilen.

3   Die Tassen oder Formen auf ein Backblech setzen und 15 Minuten im Ofen backen, bis die Cupcakes aufgegangen und leicht goldbraun geworden sind.

4   Während die Cupcakes im Ofen sind, das Baiser zubereiten: Das Eiweiß in einer fettfreien Schüssel mit einem Handrührgerät steif schlagen. Den Zucker einrieseln lassen und rühren, bis ein fester, glänzender Eischnee entsteht.

5   Die noch heißen Cupcakes mit Lemon Curd bestreichen, dann mit einer Eischneehaube versehen. Nochmals 4–5 Minuten im Ofen backen, bis das Baiser Farbe angenommen hat. Sofort servieren.

# Bananen-Cupcakes mit Ahornsirup

**Ergibt 12 Minis**

**Vorbereitung: 30 Min. plus Abkühlzeit**

**Backzeit: 18–20 Min.**

## Zutaten

1 kleine Banane

2 EL Ahornsirup

2 EL Milch

60 g weiche Butter, plus etwas mehr zum Einfetten

70 g Feinstzucker

1 Ei, verquirlt

100 g Mehl

1 TL Backpulver

3 EL grob gehackte Wal- oder Pekannüsse, zum Dekorieren

## Topping

150 g weiche Butter, plus etwas mehr zum Einfetten

1 Tütchen Vanillezucker

6 EL Puderzucker, gesiebt

100 ml Ahornsirup

## Zubereitung

1 Den Backofen auf 190 °C vorheizen und eine 12er-Mini-Muffinform mit kleinen Papierbackförmchen (Boden 4 cm Ø) auskleiden.

2 Die Banane in einer Schüssel mit einer Gabel zerdrücken, dann mit Ahornsirup und Milch verrühren.

3 Butter und Zucker in einer zweiten Schüssel mit einem Handrührgerät cremig aufschlagen. Nach und nach das Ei einarbeiten. Falls die Masse gerinnt, 1 Teelöffel Mehl zufügen.

4 Die Hälfte des Mehls über die Buttermasse sieben und die Hälfte der Bananenmischung zufügen. Die Zutaten zu einem groben Teig mischen. Das restliche Mehl sowie das Backpulver darübersieben, die restliche Bananenmischung zugeben und unterziehen.

5 Den Teig in die Förmchen füllen und im vorgeheizten Ofen 18–20 Minuten backen, bis er gut aufgegangen ist und sich fest anfühlt. Die Cupcakes 5 Minuten in der Form abkühlen lassen. Dann aus der Form lösen und auf einem Kuchengitter abkühlen lassen.

6 Für das Topping Butter, Vanillezucker, Puderzucker und Ahornsirup in einer Schüssel glatt rühren. In einen Spritzbeutel mit Sterntülle füllen und Rosetten auf die Cupcakes spritzen. Mit den Nüssen dekorieren.

# Schokoladen-Cupcakes mit Schokoröllchen

**Ergibt 18 Stück**

Vorbereitung: 25 Min. plus Kühl- und Trockenzeit

Back- und Kochzeit: 20–30 Min.

## Zutaten

90 g weiche Butter

100 g Feinstzucker

2 Eier, leicht verquirlt

2 EL Milch

50 g Zartbitterschokoladentropfen

220 g Mehl

2 TL Backpulver

25 g Kakaopulver

Schokoladenröllchen, zum Dekorieren

## Glasur

250 g weiße Schokolade, in Stücke gebrochen

150 g Doppelrahmfrischkäse

## Zubereitung

1 Den Backofen auf 180 °C vorheizen und zwei Muffinformen mit insgesamt 18 Papierbackförmchen auskleiden.

2 Butter und Zucker in einer Schüssel cremig rühren. Nach und nach Eier und Milch unterrühren, dann die Schokoladentropfen unterheben. Mehl, Backpulver und Kakaopulver darübersieben und unter die Masse heben. Den Teig auf die Papierbackförmchen verteilen.

3 Die Cupcakes 15–20 Minuten im vorgeheizten Ofen backen, bis sie gut aufgegangen sind und sich fest anfühlen. Auf einem Kuchengitter abkühlen lassen.

4 Für die Glasur die Schokolade im Wasserbad schmelzen. Ein wenig abkühlen lassen. Den Frischkäse in einer Schüssel glatt rühren und die Schokolade unterziehen. Jeden Cupcake mit Glasur bestreichen und 1 Stunde im Kühlschrank fest werden lassen. Mit Schokoröllchen dekoriert servieren.

# Lolli-Cupcakes

Ergibt 12 Stück     Vorbereitung: 40 Min.     Backzeit: 15–20 Min.
plus Abkühlzeit

## Zutaten

120 g weiche Butter

120 g Feinstzucker

2 TL fein abgeriebene Schale
einer Bio-Orange

2 Eier, leicht verquirlt

120 g Mehl

1 TL Backpulver

## Creme

120 g weiche Butter

2 EL Orangensaft

220 g Puderzucker

Lebensmittelfarbe in Orange

## Zum Dekorieren

Puderzucker, zum Bestäuben

100 g grüner Rollfondant

rote Zuckerstreusel

12 kleine Lutscher, farblich auf
die Glasur abgestimmt

## Zubereitung

1   Den Backofen auf 180 °C vorheizen und eine 12er-Muffinform
mit Papierbackförmchen auskleiden.

2   Butter, Zucker und Orangenschale in einer großen Rührschüssel
mit einem Handrührgerät hell und cremig aufschlagen. Nach
und nach die Eier unterrühren. Mehl und Backpulver über die
Masse sieben und mit einem Metalllöffel unterheben.

3   Den Teig in die Papierbackförmchen füllen. Im vorgeheizten
Ofen 15–20 Minuten backen, bis der Teig aufgegangen, hell-
braun und fest ist. Auf einem Kuchengitter abkühlen lassen.

4   Für die Buttercreme Butter und Orangensaft in einer Schüssel
mit einem Handrührgerät 2–3 Minuten schlagen, bis die
Mischung hell und cremig ist. Den Puderzucker darübersieben
und weitere 2–3 Minuten glatt rühren. Die Lebensmittelfarbe
einarbeiten.

5   Die saubere Arbeitsfläche mit Puderzucker bestäuben und
den Fondant darauf 5 mm dick ausrollen. Mit einem Förmchen
24 Blätter ausstechen. Die Cupcakes mit der Buttercreme
bestreichen und den Rand in roten Zuckerstreuseln wälzen. Je
einen Lutscher in die Cupcakes stecken und mit zwei Fondant-
blättern belegen.

# Pink & Grün

Ergibt 18 Stück | Vorbereitung: 30 Min. plus Abkühlzeit | Backzeit: 20 Min.

## Zutaten

200 g Mehl

2 TL Backpulver

1 Prise Salz

125 g weiche Butter

200 g Feinstzucker

1 Tütchen Vanillezucker

2 Eier (Größe L)

125 ml Milch

Lebensmittelfarbe in Pink

100 g Zarbitterschokoladentropfen

## Topping

125 g weiche Butter

250 g Puderzucker

1 EL Milch

1 Tütchen Vanillezucker

1 Prise Salz

Lebensmittelfarbe in Grün

## Zubereitung

1 Den Backofen auf 180 °C vorheizen und zwei Muffinformen mit insgesamt 18 Papierbackförmchen auskleiden.

2 Mehl, Backpulver und Salz in einer Schüssel vermengen. Butter, Zucker und Vanillezucker in einer weiteren Schüssel schaumig schlagen. Die Eier einzeln zufügen und einrühren. Die Hälfte der Mehlmischung und die Milch sorgfältig untermischen, dann das restliche Mehl einrühren.

3 Etwas Lebensmittelfarbe (pink) in den Teig mischen, bis er gleichmäßig gefärbt ist. Zum Schluss die Schokoladentropfen unterheben.

4 Den Teig auf die Papierbackförmchen verteilen und 20 Minuten im vorgeheizten Ofen backen, bis die Cupcakes aufgegangen sind und sich fest anfühlen. 1–2 Minuten abkühlen lassen, dann zum vollständigen Abkühlen aus der Form nehmen und auf ein Kuchengitter heben.

5 Für das Topping Butter, Puderzucker, Milch, Vanillezucker und Salz in einer Schüssel mit einem Handrührgerät cremig aufschlagen. Falls nötig, mehr Puderzucker zufügen, um die gewünschte Konsistenz zu erhalten.

6 Etwas grüne Lebensmittelfarbe untermischen und rühren, bis die Glasur gleichmäßig eingefärbt ist. Eventuell mehr Lebensmittelfarbe zugeben, bis die Glasur eine kräftige grüne Farbe hat. Die Glasur in einen Spritzbeutel mit Sterntülle füllen und gleichmäßig auf die Cupcakes spritzen. Sie können sofort serviert werden.

# Hochzeits-Cupcakes

Ergibt 30 Stück

Vorbereitung: 55 Min. plus Abkühl- und Trockenzeit

Backzeit: 20 Min.

## Zutaten

350 g Mehl

3 TL Backpulver

250 g weiche Butter

250 g Feinstzucker

fein abgeriebene Schale
von 1 großen Bio-Zitrone

4 Eier (Größe L), leicht verquirlt

2 EL Milch

## Zum Dekorieren

650 g weißer Rollfondant

3 EL Aprikosenkonfitüre, erwärmt
und durch ein Sieb gestrichen

15 weiße Fondantrosen, in silbernen
Glitzerzucker getaucht

2 EL Eiweiß, leicht verquirlt

150 g Puderzucker, gesiebt,
plus etwas mehr zum Bestäuben

## Zubereitung

1 Den Backofen auf 180 °C vorheizen und mehrere Muffinformen mit insgesamt 30 Papierbackförmchen auskleiden.

2 Mehl und Backpulver in eine große Schüssel sieben. Butter, Zucker, Zitronenschale, Eier und Milch zugeben und mit einem Handrührgerät zu einer glatten Masse verarbeiten.

3 Die Mischung auf die Papierbackförmchen verteilen. 20 Minuten backen, bis der Teig aufgegangen und goldbraun ist und sich fest anfühlt. Auf einem Kuchengitter abkühlen lassen.

4 Den weißen Fondant auf einer sauberen, leicht mit Puderzucker bestäubten Arbeitsfläche 5 mm dick ausrollen. 30 Kreise (6 cm Ø) ausstechen, bei Bedarf die Fondantreste immer wieder neu ausrollen. Jeden Cupcake mit etwas Konfitüre bestreichen und einen Fondantkreis darauflegen. Die Hälfte der Cupcakes mit einer Fondantrose dekorieren.

5 Das Eiweiß in eine Schüssel geben und nach und nach den Puderzucker einrühren, bis ein glatter Guss entsteht. Das Royal Icing in einen kleinen Spritzbeutel mit feiner Spitze geben und die noch undekorierten Cupcakes mit Mustern verzieren. Jeweils am Rand des Cupcakes beginnen und eine mäandernde Linie über die ganze Oberfläche zeichnen. Dabei gleichmäßig Druck auf den Beutel ausüben und darauf achten, dass sich die Linien nicht berühren oder kreuzen. Fest werden lassen.

FÜR FESTTAGE

# Rosentörtchen

Ergibt 12 Stück

Vorbereitung: 25 Min.
plus Abkühlzeit

Backzeit: 15–20 Min.

## Zutaten

120 g weiche Butter

120 g Feinstzucker

½ Tütchen Vanillezucker

2 Eier, leicht verquirlt

1 EL Milch

1 TL Rosenwasser

175 g Mehl

2 TL Backpulver

kandierte Rosenblütenblätter,
zum Garnieren

## Creme

80 g weiche Butter

175 g Puderzucker

rosa Lebensmittelfarbe
(nach Belieben)

## Zubereitung

1 Den Backofen auf 180 °C vorheizen und eine 12er-Muffinform mit Papierbackförmchen auskleiden.

2 Butter, Zucker und Vanillezucker schaumig schlagen. Die Eier nach und nach zugeben und alles gründlich verrühren. Milch und Rosenwasser einrühren. Mehl und Backpulver darübersieben und unterziehen.

3 Den Teig in die Papierbackförmchen füllen, dann 15–20 Minuten im Ofen backen, bis er aufgegangen und goldbraun ist und sich fest anfühlt. Auf einem Kuchengitter abkühlen lassen.

4 Für die Buttercreme die Butter in einer Schüssel aufschlagen. Den Puderzucker darübersieben und alles gut verrühren. Nach Belieben rosa einfärben, das passt gut zur Rosenblüte.

5 Wenn die Törtchen abgekühlt sind, die Buttercreme in einen Spritzbeutel mit glatter Tülle füllen und dicke Tupfen aufspritzen. Mit jeweils 1–2 kandierten Rosenblütenblättern dekorieren.

# Valentinstörtchen

**Ergibt 8 Stück**    Vorbereitung: 40 Min. plus    Backzeit: 20–25 Min.
Abkühl– und Trockenzeit

## Zutaten

90 g weiche Butter
90 g Feinstzucker
½ Tütchen Vanillezucker
2 Eier, leicht verquirlt
70 g Mehl
1 EL Kakaopulver
1 TL Backpulver
6 Zuckerblüten, zum Dekorieren

### Marzipanherzen

40 g Marzipanrohmasse
rote Lebensmittelfarbe (flüssig)
Puderzucker, zum Bestäuben

### Schokoladencreme

50 g weiche Butter
120 g Puderzucker
25 g Zartbitterschokolade,
geschmolzen

## Zubereitung

1   Für die Marzipanherzen die Rohmasse kurz verkneten und
einige Tropfen Lebensmittelfarbe so lange einarbeiten, bis eine
einheitlich rote Masse entsteht. Die Masse auf einer leicht mit
Puderzucker bestäubten Arbeitsfläche 5 mm dick ausrollen.
Mit einem herzförmigen Plätzchenausstecher sechs Herzen
herstellen. Die Herzen mit Puderzucker bestäuben und
auf einem mit Backpapier ausgelegten Tablett 3–4 Stunden
trocknen lassen.

2   Den Backofen auf 180 °C vorheizen und eine Muffinform mit
8 Papierbackförmchen auskleiden.

3   Butter, Zucker und Vanillezucker schaumig schlagen. Die Eier
nach und nach zugeben und alles gründlich verrühren. Mehl,
Kakao- und Backpulver darübersieben und mit einem großen
Metalllöffel unterziehen. Den Teig in die Papierbackförmchen
füllen. 20–25 Minuten im Ofen backen, bis die Törtchen goldbraun sind und sich fest anfühlen. Danach auf einem Kuchengitter abkühlen lassen.

4   Für die Schokoladencreme die Butter in einer großen Schüssel
aufschlagen. Den Puderzucker darübersieben und glatt rühren.
Die geschmolzene Schokolade zugeben und alles gut verrühren.
Die Creme auf die abgekühlten Muffins streichen und mit
einem Marzipanherz und einer Zuckerblüte dekorieren.

# Verlobungs-Cupcakes

Ergibt 12 Stück

Vorbereitung: 35 Min. plus Abkühl- und Trockenzeit

Backzeit: 15–20 Min.

## Zutaten

120 g weiche Butter

100 g Feinstzucker

½ Tütchen Vanillezucker

2 Eier, leicht verquirlt

140 g Mehl

1½ TL Backpulver

1–2 EL Milch

## Zum Dekorieren

Puderzucker, zum Bestäuben

200 g weißer Rollfondant

3 EL flüssiger Honig, erwärmt

2–3 Tropfen rosa Lebensmittelfarbe

grüne Zuckerschrift

## Zubereitung

1 Den Backofen auf 180 °C vorheizen und eine 12er-Muffinform mit Papierbackförmchen auskleiden.

2 Butter, Zucker und Vanillezucker in einer Schüssel aufschlagen. Nach und nach die Eier zugeben, dabei gründlich weiterquirlen. Mehl und Backpulver darübersieben und mit einem Metalllöffel unterheben. Sollte der Teig zu fest sein, die Milch ganz oder teilweise einarbeiten.

3 Den Teig auf die Papierbackförmchen verteilen. 15–20 Minuten backen, bis der Teig gut aufgegangen, goldbraun und fest ist. Auf einem Kuchengitter abkühlen lassen.

4 Die Arbeitsfläche mit Puderzucker bestäuben. Vier Fünftel des Fondants zu einem Rechteck (20 cm x 30 cm) ausrollen. Mit einem runden Ausstecher mit glattem Rand 12 Kreise ausstechen. Die abgekühlten Muffins mit Honig bestreichen, dann die Fondantkreise auflegen und leicht andrücken.

5 Für die Rosenknospen den verbliebenen Fondant mit Lebensmittelfarbe einfärben. 12 Streifen von je 1 cm x 6 cm Länge ausrollen. Jeden Fondantstreifen zu einer Knospe aufrollen und mit Honig auf den Cupcakes befestigen. Mit der Zuckerschrift jeweils einen Stängel hinzufügen. Vor dem Servieren trocknen lassen.

# Silberhochzeits-Cupcakes

Ergibt 24 Stück | Vorbereitung: 25 Min. plus Abkühlzeit | Backzeit: 15–20 Min.

## Zutaten

250 g weiche Butter

250 g Feinstzucker

½ Tütchen Vanillezucker

4 Eier (Größe L), leicht verquirlt

250 g Mehl

2½ TL Backpulver

5 EL Milch

25 g silberne Liebesperlen, zum Dekorieren

## Creme

175 g Butter

350 g Puderzucker

## Zubereitung

1  Den Backofen auf 180 °C vorheizen und zwei 12er-Muffin-formen mit Papierbackförmchen auskleiden.

2  Butter, Zucker und Vanillezucker in einer Schüssel schaumig schlagen. Nach und nach die Eier zugeben, dabei gründlich weiterquirlen. Das Mehl in die Schüssel sieben und mit einem großen Metalllöffel unterheben, dabei nach und nach die Milch zugeben.

3  Den Teig auf die Papierbackförmchen verteilen. 15–20 Minuten backen, bis der Teig gut aufgegangen, goldbraun und fest ist. Auf einem Kuchengitter abkühlen lassen.

4  Für die Creme die Butter in einer Schüssel schaumig schlagen. Den Puderzucker darübersieben und glatt rühren. Die Creme in einen Spritzbeutel mit Sterntülle füllen.

5  Die Creme in Wirbeln auf die abgekühlten Cupcakes spritzen. Vor dem Servieren mit den Liebesperlen dekorieren.

### Variation

Für die Goldhochzeit nehmen Sie natürlich goldene Liebes-perlen.

# Irish-Cream-Cupcakes

Ergibt 16 Stück

Vorbereitung: 30 Min. plus Abkühlzeit

Backzeit: 25 Min.

## Zutaten

125 g Mehl

60 g Kakaopulver

1½ TL Backpulver

1 Msp. Salz

125 g weiche Butter

200 g Feinstzucker

1 Tütchen Vanillezucker

2 Eier (Größe L), verquirlt

125 g Sahne

40 g Schokoladentropfen, plus etwas mehr zum Dekorieren

## Topping

60 g weiche Butter

250 g Puderzucker, bei Bedarf etwas mehr

1 Tütchen Vanillezucker

2 EL Milch

3 EL Irish-Cream-Likör

## Schokoladensauce

60 g Zartbitterschokolade, in Stücke gebrochen

4 EL Sahne

15 g weiche Butter

1 Prise Salz

## Zubereitung

1 Den Backofen auf 180 °C vorheizen und zwei Muffinformen mit insgesamt 16 Papierbackförmchen auskleiden.

2 Mehl, Kakaopulver, Backpulver und Salz in eine Schüssel sieben. Butter, Zucker und Vanillezucker in einer weiteren Schüssel hell und schaumig schlagen. Die Eier unter ständigem Rühren nacheinander zufügen. Die Hälfte der Mehlmischung und die Sahne unterrühren. Dann die restliche Mehlmischung einarbeiten. Zum Schluss die Schokoladentropfen unterheben.

3 Den Teig auf die Papierbackförmchen verteilen und 25 Minuten im vorgeheizten Ofen backen, bis er gut aufgegangen, goldbraun und fest ist. 1–2 Minuten in der Form abkühlen lassen, dann zum vollständigen Abkühlen auf ein Kuchengitter heben.

4 Für das Topping die Butter in einer Schüssel mit einem Handrührgerät hell aufschlagen. Puderzucker, Vanillezucker, Milch und Likör zufügen und glatt rühren. Falls nötig, mehr Puderzucker zufügen, bis die gewünschte Konsistenz entsteht. In einen Spritzbeutel mit Sterntülle füllen und in Wirbeln auf die Cupcakes spritzen.

5 Für die Schokoladensauce alle Zutaten im Wasserbad schmelzen, dabei gelegentlich rühren. Die Sauce zum Abkühlen mindestens 15 Minuten beiseitestellen. Vor dem Servieren erst die Schokoladensauce über die Cupcakes träufeln, dann die Schokoladentropfen darüberstreuen.

# I-love-you-Cupcakes mit Herz

Ergibt 10 Stück          Vorbereitung: 45 Min.          Backzeit: 20 Min.
                         plus Abkühlzeit

## Zutaten

100 g weiche Butter

100 g Feinstzucker

3 Tropfen Bittermandelaroma

2 Eier (Größe L), leicht verquirlt

100 g Mehl

1 TL Backpulver

2 EL gemahlene Mandeln

2 EL Milch

3 EL Himbeergelee

## Zum Dekorieren

75 g roter Rollfondant

150 g weißer Rollfondant

1 EL Himbeergelee, erwärmt

1 EL Eiweiß, leicht verquirlt

80 g Puderzucker, gesiebt,
plus etwas zusätzlich zum Bestäuben

## Zubereitung

1   Den Backofen auf 180 °C vorheizen und eine Muffinform mit insgesamt 10 Papierbackförmchen auskleiden.

2   Butter, Zucker und Bittermandelaroma in einer Schüssel schaumig schlagen. Nach und nach die Eier zugeben und verrühren. Mehl und Backpulver in die Schüssel sieben und zusammen mit den Mandeln mit einem Metalllöffel vorsichtig unterheben. Die Milch zugeben und einarbeiten.

3   Die Mischung auf die Papierbackförmchen verteilen. 20 Minuten backen, bis der Teig aufgegangen und goldbraun ist und sich fest anfühlt. Auf einem Kuchengitter abkühlen lassen.

4   Mit einem kleinen Messer jeweils ein haselnussgroßes Stück Teig aus den Cupcakes schneiden. Das Himbeergelee in die Aushöhlungen geben und die Teigstücke wieder auflegen.

5   Ein kleines Stück roten Fondant ausrollen und mit einer kleinen Schablone zwei Herzen ausstechen. Den Rest des roten Fondants nur kurz mit dem weißen Fondant verkneten, sodass ein Marmormuster entsteht. Den Fondant auf einer leicht mit Puderzucker bestäubten Arbeitsfläche 5 mm dick ausrollen. Daraus 10 Kreise (7 cm Ø) ausstechen. Die Cupcakes mit dem erwärmten Himbeergelee bestreichen und die Fondantkreise auflegen.

6 Das Eiweiß in eine Schüssel geben und den Puderzucker nach und nach einrühren, bis eine flüssige Glasur entsteht. Die Masse in einen kleinen Spritzbeutel mit sehr feiner Spitze geben. Je zwei Cupcakes mit den Buchstaben I, Y, O und U beschriften. Die Fondantherzen mit etwas Wasser auf den verbliebenen beiden Cupcakes befestigen.

# Baby-Cupcakes

**Ergibt 12 Stück**  **Vorbereitung: 50 Min. plus Abkühlzeit**  **Backzeit: 20 Min.**

## Zutaten

125 g Mehl

1½ TL Backpulver

125 g weiche Butter

125 g Feinstzucker

2 Eier, leicht verquirlt

1 EL Milch

1 Tütchen Vanillezucker

### Zum Dekorieren

150 g weißer Rollfondant

150 g Rollfondant
in Hellblau oder Rosa

Puderzucker, zum Bestäuben

1 EL Aprikosenkonfitüre, erwärmt
und durch ein Sieb gestrichen

1 Tube weiße Zuckerschrift

## Zubereitung

1 Den Backofen auf 180 °C vorheizen und eine 12er-Muffinform mit Papierbackförmchen auskleiden.

2 Mehl und Backpulver in eine große Schüssel sieben. Butter, Zucker, Eier, Milch und Vanillezucker zugeben und mit einem Handrührgerät zu einer glatten Masse verarbeiten.

3 Die Mischung auf die Papierbackförmchen verteilen. 20 Minuten backen, bis der Teig aufgegangen und goldbraun ist und sich fest anfühlt. Auf einem Kuchengitter abkühlen lassen.

4 Beide Fondantsorten auf einer leicht mit Puderzucker bestäubten Arbeitsfläche 5 mm dick ausrollen. 6 weiße und 6 farbige Kreise (6 cm Ø) ausstechen. Jeden Cupcake mit etwas Konfitüre bestreichen und einen Fondantkreis darauflegen.

5 Farbige Fondantreste neu ausrollen. Mit kleinen Schablonen 2 Teddybären und Blütenformen ausstechen.

6 Die weißen Fondantreste neu ausrollen. Mit einer etwas größeren Blütenschablone 2 weitere Blüten ausstechen. Mit einer geriffelten Schablone (4 cm Ø) 2 Kreise ausstechen, dann davon je einen kleinen Halbmond abschneiden – für ein

Lätzchen. Für Fondantknöpfe mit einer runden Schablone (2,5 cm Ø) 2 Kreise ausstechen und mit einem Pinselende die „Knopflöcher" markieren. Mit den Fondantresten von Hand 4 Schühchen und 2 kleine Enten oder Vögel formen.

7 Die Fondantdekorationen mit etwas Wasser auf den Cupcakes befestigen. Mit der Zuckerschrift kleine Details ergänzen, z. B. Schleifen für die Schuhe.

# Osternester

Ergibt 12 Stück     Vorbereitung: 25 Min.     Backzeit: 15–20 Min.
plus Abkühlzeit

## Zutaten

120 g weiche Butter

120 g Feinstzucker

2 Eier, leicht verquirlt

90 g Mehl

1 TL Backpulver

25 g Kakaopulver

36 kleine Schokoeier
mit Zuckerglasur

## Creme

90 g weiche Butter

175 g Puderzucker

1 EL Milch

½ Tütchen Vanillezucker

## Zubereitung

1   Den Backofen auf 180 °C vorheizen und eine 12er-Muffinform
mit Papierbackförmchen auskleiden.

2   Butter und Zucker in einer Schüssel schaumig schlagen. Die Eier
nach und nach zugeben und alles gründlich verrühren. Mehl,
Back- und Kakaopulver darübersieben und mit einem großen
Metalllöffel unterziehen.

3   Den Teig in die Papierbackförmchen füllen. 15–20 Minuten im
vorgeheizten Ofen backen, bis die Cupcakes aufgegangen sind
und sich fest anfühlen. Auf einem Kuchengitter abkühlen lassen.

4   Für die Buttercreme die Butter in einer Rührschüssel schaumig
schlagen. Den Puderzucker darübersieben und alles gut
verrühren. Dann Milch und Vanillezucker einrühren. Die
Buttercreme in eine Spritztüte mit großer Sterntülle füllen und
auf die abgekühlten Cupcakes einen dicken Ring aufspritzen. In
jedes „Osternest" drei Schokoeier legen und leicht andrücken.

# Schokoladen-Orangen-Cupcakes

Ergibt 12 Stück

Vorbereitung: 20 Min. plus Abkühl- und Trockenzeit

Back- und Kochzeit: 25 Min.

## Zutaten

120 g weiche Butter

120 g heller Rohrzucker

fein abgeriebene Schale und Saft von ½ Bio-Orange

2 Eier, leicht verquirlt

120 g Mehl

1 TL Backpulver

25 g geriebene Zartbitterschokolade

dünne Streifen kandierte Orangenschale, zum Dekorieren

## Schokoladenglasur

120 g Zartbitterschokolade, in Stücke gebrochen

25 g Butter

1 EL heller Sirup

## Zubereitung

1 Den Backofen auf 180 °C vorheizen und eine 12er-Muffinform mit Papierbackförmchen auskleiden.

2 Butter, Zucker und Orangenschale in einer Schüssel schaumig schlagen. Nach und nach die Eier sorgfältig unterrühren. Mehl und Backpulver darübersieben, Orangensaft und geriebene Schokolade zufügen und mit einem Metalllöffel vorsichtig unterheben.

3 Den Teig in die Papierbackförmchen füllen. 20 Minuten im Ofen backen, bis die Cupcakes aufgegangen und goldbraun sind und sich fest anfühlen. Auf einem Kuchengitter abkühlen lassen.

4 Für die Glasur Schokolade, Butter und Sirup im Wasserbad unter Rühren schmelzen. Vom Herd nehmen und glatt rühren. Abkühlen lassen, bis die Glasur fest genug zum Auftragen ist. Auf die Cupcakes streichen und mit kandierter Orangenschale dekorieren. Im Kühlschrank fest werden lassen.

# Brombeer-Streusel-Cupcakes

Ergibt 6 Tassen      Vorbereitung: 20 Min.      Backzeit: 25–30 Min.

## Zutaten

120 g Mehl

1 TL Backpulver

120 g weiche Butter,
plus etwas mehr zum Einfetten

120 g Feinstzucker

2 Eier

175 g frische Brombeeren

steif geschlagene Sahne oder
Vanillesauce, zum Servieren

## Streusel

80 g Mehl

50 g brauner Zucker

50 g kalte Butter, in Stücken

## Zubereitung

1   Den Backofen auf 190 °C vorheizen und 6 ofenfeste Tassen
(150 ml Volumen) oder Ramequin-Förmchen mit Butter
einfetten.

2   Für die Streusel Mehl und Zucker in einer Schüssel mischen. Die
Butter zufügen und mit den Fingern ins Mehl reiben, bis eine
krümelige Masse entsteht.

3   Für den Teig Mehl und Backpulver in eine Schüssel sieben.
Butter, Zucker und Eier zufügen und mit einem Handrührgerät
zu einem glatten Teig verarbeiten. Den Teig auf die Tassen oder
Förmchen verteilen und glatt streichen. Mit den Brombeeren
belegen und mit den Streuseln abschließen.

4   Die Tassen oder Förmchen auf ein Backblech stellen und
25–30 Minuten im vorgeheizten Ofen backen, bis die Streusel
knusprig und goldbraun sind. Warm mit Schlagsahne oder
Vanillesauce servieren.

2        3        3

# Sommerwiesen-Cupcakes

Ergibt 12 Stück

Vorbereitung: 45 Min. plus Abkühlzeit

Backzeit: 15–20 Min.

## Zutaten

120 g weiche Butter

120 g Feinstzucker

2 TL Rosenwasser

2 Eier (Größe L), leicht verquirlt

120 g Mehl

1 TL Backpulver

## Zum Dekorieren

120 g Rollfondant in Rosa

80 g weißer Rollfondant

80 g blauer Rollfondant

Puderzucker, zum Bestäuben

1 Tube gelbe Zuckerschrift

## Creme

175 g weiche Butter

6 EL Sahne

350 g Puderzucker

grüne Lebensmittelfarbe

## Zubereitung

1 Den Backofen auf 180 °C vorheizen und eine 12er-Muffinform mit Papierbackförmchen auskleiden.

2 Butter, Zucker und Rosenwasser in einer Schüssel schaumig schlagen. Nach und nach die Eier zugeben und einarbeiten. Mehl und Backpulver darübersieben und mit einem Metalllöffel vorsichtig unterheben.

3 Die Masse auf die Backförmchen verteilen. Im vorgeheizten Ofen 15–20 Minuten backen, bis der Teig aufgegangen ist und sich fest anfühlt. Auf einem Kuchengitter abkühlen lassen.

4 Alle Fondantsorten auf einer leicht mit Puderzucker bestäubten Arbeitsfläche 5 mm dick ausrollen. Mit einer kleinen Form 24 rosafarbene Schmetterlinge sowie 48 weiße und blaue Blüten ausstechen; falls erforderlich die Fondantreste neu ausrollen. Mit der gelben Zuckerschrift kleine Punkte in die Mitte der Blüten setzen.

5 Für die Creme die Butter in einer Schüssel mit einem Handrührgerät 2–3 Minuten hell und cremig aufschlagen. Die Sahne zugeben, dann nach und nach den Puderzucker einstreuen. Noch 2–3 Minuten weiterrühren, bis die Buttercreme glatt und luftig ist. Grüne Lebensmittelfarbe bis zum gewünschten Farbton einarbeiten.

6 Die Buttercreme in einen Spritzbeutel mit großer Sterntülle geben. Jeden Cupcake mit dicken Cremehauben verzieren. Mit den Fondantblüten und -schmetterlingen dekorieren.

# Ingwer-Cupcakes mit Cremehaube

Ergibt 18 Stück   Vorbereitung: 25 Min. plus Abkühlzeit   Backzeit: 15–20 Min.

## Zutaten

175 g Mehl
2 TL Backpulver
2 TL gemahlener Ingwer
1 TL Zimt
175 g weiche Butter
175 g brauner Zucker
3 Eier, verquirlt
1 Tütchen Vanillezucker
gehackter kandierter Ingwer, zum Dekorieren

## Creme

80 g weiche Butter
150 g Puderzucker, gesiebt
3 EL Orangensaft

## Zubereitung

1 Den Backofen auf 190 °C vorheizen und zwei Muffinformen mit insgesamt 18 Papierbackförmchen auskleiden.

2 Mehl, Backpulver, Ingwer und Zimt in eine große Schüssel sieben, dann Butter, Zucker, Eier und Vanillezucker zufügen. Alles zu einem glatten Teig verarbeiten.

3 Den Teig auf die Papierbackförmchen verteilen und 15–20 Minuten im vorgeheizten Ofen backen, bis die Cupcakes aufgegangen, fest und goldbraun sind. Auf einem Kuchengitter abkühlen lassen.

4 Für die Creme Butter, Puderzucker und Orangensaft glatt rühren. Ein wenig Creme auf jeden Cupcake löffeln und mit kandiertem Ingwer dekorieren.

# Halloween-Cupcakes

Ergibt 12 Stück

Vorbereitung: 40 Min.
plus Abkühlzeit

Backzeit: 15–20 Min.

## Zutaten

120 g weiche Butter

120 g Feinstzucker

2 Eier, leicht verquirlt

120 g Mehl

1 TL Backpulver

## Zum Dekorieren

200 g Rollfondant in Orange

Puderzucker, zum Bestäuben

50 g Rollfondant
in Schwarz oder Braun

schwarze oder braune Zuckerschrift

gelbe Zuckerschrift

## Zubereitung

1   Den Backofen auf 180 °C vorheizen und eine 12er-Muffinform mit Papierbackförmchen auskleiden.

2   Butter, Zucker, Eier, Mehl und Backpulver mit einem Handrührgerät zu einer glatten Masse verarbeiten und diese in die Papierbackförmchen füllen.

3   15–20 Minuten im Ofen backen, bis die Cupcakes goldbraun sind und sich fest anfühlen. Danach auf einem Kuchengitter abkühlen lassen.

4   Den orangefarbenen Fondant kneten und auf einer leicht mit Puderzucker bestäubten Arbeitsfläche ausrollen. Mit einem runden Ausstecher mit glattem Rand (6 cm Ø) 12 Kreise ausstechen. Auf jeden Cupcake einen Fondantkreis legen und andrücken.

5   Den dunklen Fondant kneten und auf einer leicht mit Puderzucker bestäubten Arbeitsfläche ausrollen. Mit der Handfläche etwas Puderzucker in den Fondant reiben. Mit einem runden Ausstecher (3 cm Ø) 12 Kreise ausstechen, von unten mit Wasser anfeuchten und mittig auf die Cupcakes legen; leicht andrücken. Mit dunkler Zuckerschrift an jeden Spinnenkörper 8 Beine und mit gelber Zuckerschrift Augen und Mund aufmalen.

# Cupcake-Gespenster

**Ergibt 6 Gespenster**  **Vorbereitung: 50 Min. plus Kühlzeit**  **Backzeit: 15–20 Min.**

## Zutaten

150 g weiche Butter
150 g brauner Zucker
2 EL Zuckerrübensirup
2 Eier (Größe L), leicht verquirlt
150 g Mehl
2 TL Lebkuchengewürz
1 TL Backpulver

### Creme

80 g weiche Butter
1 EL Dulce de Leche (Karamellsauce)
160 g Puderzucker, gesiebt

### Zum Dekorieren

350 g weißer Rollfondant
Puderzucker, zum Bestäuben
1 Tube schwarze Zuckerschrift

## Zubereitung

1 Den Backofen auf 180 °C vorheizen. Eine 12er-Muffinform komplett sowie eine Mini-Muffinform mit 6 Papierback-förmchen auskleiden.

2 Butter, Zucker und Sirup in einer Schüssel mit einem Handrühr-gerät schaumig schlagen. Nach und nach die Eier einrühren. Mehl, Lebkuchengewürz und Backpulver darübersieben und mit einem Metalllöffel unterheben.

3 Die Mischung auf die großen und kleinen Förmchen verteilen. 15–20 Minuten backen, bis der Teig aufgegangen und goldbraun ist und sich fest anfühlt – die kleinen eventuell früher aus dem Ofen nehmen. Auf einem Kuchengitter abkühlen lassen.

4 Für die Buttercreme Butter und Dulce de Leche in einer Schüssel mit einem Handrührgerät 2–3 Minuten schaumig schlagen. Den Puderzucker zugeben und glatt rühren.

5 Von allen Mini-Muffins und von 6 normalen Muffins die Papier-hüllen entfernen. Die Oberseite aller Cupcakes mit einem Messer gerade abschneiden, Deckel entsorgen oder naschen. Die Schnittfläche der 6 in den Papierbackförmchen verblie-benen Muffins mit etwas Buttercreme bestreichen, je einen normalen Cupcake kopfüber darauflegen, wieder Buttercreme

auftragen und darauf einen umgedrehten Mini-Muffin kleben. Die zusammengesetzten Formen rundum dünn mit Buttercreme bestreichen und 30 Minuten in den Kühlschrank stellen.

6  50 g weißen Fondant abnehmen und daraus 6 kleine Kugeln formen. Je eine Kugel auf jede Figur setzen. Den übrigen Fondant in 6 Portionen teilen und jede Portion auf einer mit Puderzucker bestäubten Arbeitsfläche zu 3 mm dicken Kreisen (ca. 14 cm Ø) ausrollen. Diese locker über die Figuren legen. Mit der Zuckerschrift Gesichter aufmalen.

# Weihnachts-Cupcakes

Ergibt 16 Stück

Vorbereitung: 45 Min. plus Abkühlzeit

Backzeit: 20 Min.

## Zutaten

125 g weiche Butter

200 g Feinstzucker

4 Tropfen Bittermandelaroma

4 Eier, leicht verquirlt

150 g Mehl

1½ TL Backpulver

175 g gemahlene Mandeln

## Zum Dekorieren

450 g weißer Rollfondant

Puderzucker, zum Bestäuben

50 g grüner Rollfondant

25 g roter Rollfondant

## Zubereitung

1 Den Backofen auf 180 °C vorheizen und zwei Muffinformen mit insgesamt 16 Papierbackförmchen auskleiden.

2 Butter, Zucker und Bittermandelaroma in einer Schüssel schaumig schlagen. Die Eier nach und nach einrühren. Mehl und Backpulver darübersieben und mit einem Metalllöffel unterziehen, dann die gemahlenen Mandeln unterheben.

3 Die Förmchen jeweils zur Hälfte mit Teig füllen und 20 Minuten im Ofen backen, bis er goldbraun ist und sich fest anfühlt. Auf einem Kuchengitter abkühlen lassen.

4 Den weißen Fondant kneten und auf einer leicht mit Puderzucker bestäubten Arbeitsfläche ausrollen. Mit der Handfläche etwas Puderzucker in den Fondant reiben. Mit einem großen, runden Ausstecher (7 cm Ø) 16 Kreise ausstechen. Auf jeden abgekühlten Muffin einen Fondantkreis legen.

5 Den grünen Fondant kneten und auf einer leicht mit Puderzucker bestäubten Arbeitsfläche ausrollen. Etwas Puderzucker in den Fondant reiben. Mit einem scharfen Messer 32 Stechpalmenblätter ausschneiden (siehe Bild), diese von unten mit heißem Wasser bepinseln und je 2 Blätter mittig auflegen. Leicht andrücken. Den roten Fondant zwischen den Handflächen zu 48 sehr kleinen Beeren rollen und die Stechpalmenblätter damit dekorieren.

# Festtags-Cupcakes

Ergibt 14 Stück

Vorbereitung: 30 Min. plus Einweich- und Abkühlzeit

Backzeit: 15–20 Min.

## Zutaten

120 g gemischte Trockenfrüchte, klein gehackt

1 TL fein abgeriebene Schale von 1 Bio-Orange

2 EL Weinbrand oder Orangensaft

100 g weiche Butter

100 g heller Rohrzucker

1 Ei (Größe L), leicht verquirlt

120 g Mehl

1½ TL Backpulver

1 TL Lebkuchengewürz

1 EL silberne Zuckerperlen, zum Dekorieren

## Glasur

80 g Puderzucker

2 EL Orangensaft

## Zubereitung

1 Trockenfrüchte, Orangenschale und Weinbrand in einer kleinen Schüssel mischen, abdecken und 1 Stunde einweichen.

2 Den Backofen auf 190 °C vorheizen und zwei Muffinformen mit insgesamt 14 Papierbackförmchen auskleiden.

3 Butter und Zucker in einer Schüssel schaumig schlagen. Nach und nach das Ei einarbeiten. Mehl, Backpulver und Lebkuchengewürz darübersieben, die eingeweichten Früchte mit der Flüssigkeit zufügen und mit einem Metalllöffel vorsichtig unterheben. Den Teig in die Papierbackförmchen füllen.

4 15–20 Minuten im Ofen backen, bis die Cupcakes goldbraun sind und sich fest anfühlen. Danach auf einem Kuchengitter abkühlen lassen.

5 Für die Glasur den Puderzucker in eine Schüssel sieben und nach und nach nur so viel Orangensaft unterrühren, bis ein glatter, zähflüssiger Guss entsteht. Mit einem Teelöffel in einem Gittermuster auf die abgekühlten Cupcakes träufeln. Mit den Zuckerperlen dekorieren und fest werden lassen.

# Cupcake-Schneemänner

Ergibt 12 Stück

Vorbereitung: 40 Min.
plus Abkühlzeit

Backzeit: 20 Min.

## Zutaten

120 g weiche Butter

120 g Feinstzucker

2 Eier (Größe L), leicht verquirlt

120 g Mehl

1 TL Backpulver

80 g Kokosflocken

2 EL Milch

## Creme

60 g weiche Butter

2 EL Sahne

120 g Puderzucker

## Zum Dekorieren

50 g schwarzer Rollfondant

Puderzucker, zum Bestäuben

Belegkirschen, Engelwurz,
Schokoladentropfen und Orangeat

## Zubereitung

1   Den Backofen auf 180 °C vorheizen und eine 12er-Muffinform
mit Papierbackförmchen auskleiden.

2   Butter und Zucker in einer großen Schüssel schaumig schlagen.
Nach und nach die Eier einrühren. Mehl und Backpulver
darübersieben und vorsichtig mit einem Metalllöffel unterheben.
50 g Kokosflocken und die Milch einrühren. Die Mischung auf
die Papierbackförmchen verteilen und 20 Minuten backen, bis
der Teig aufgegangen und goldbraun ist und sich fest anfühlt.
Auf einem Kuchengitter abkühlen lassen.

3   Für die Creme die Butter in eine Schüssel geben und mit einem
Handrührgerät 2–3 Minuten schaumig aufschlagen. Die Sahne
einrühren, dann nach und nach den Puderzucker zugeben und
2–3 Minuten weiterschlagen, bis die Creme glatt und luftig ist.

4   Die Cupcakes mit einem Palettenmesser mit Buttercreme
bestreichen, dabei eine leichte Kuppel formen. Mit den verbliebenen Kokosflocken bestreuen. Den Fondant auf einer leicht
mit Puderzucker bestäubten Arbeitsfläche ausrollen und
12 Hüte ausschneiden. Jeden Hut mit winzigen Stückchen von
Belegkirschen und Blättchen von Engelwurz belegen, sodass es
aussieht wie Stechpalmen mit Beeren. Die Hüte leicht in die
Creme drücken. Für Augen, Nase und Mund des Schneemanns
vorsichtig je zwei Schokoladentropfen, ein Stück Orangeat und
eine kleine Fondantrolle auf jeden Cupcake legen.

# BUNT &
# AROMATISCH

# Margarita-Cupcakes

Ergibt 16 Stück

Vorbereitung: 30 Min. plus Abkühlzeit

Back- und Kochzeit: 25 Min.

## Zutaten

200 g Mehl

2 TL Backpulver

1 Msp. Salz

125 g weiche Butter

200 g Feinstzucker

1 Tütchen Vanillezucker

2 Eier (Größe L)

90 ml Milch

3 EL Tequila

fein abgeriebene Schale und Saft von 1 Bio-Limette

## Glasur

3 Eiweiß (Größe L)

150 g Feinstzucker

225 g weiche Butter

4 EL Triple Sec

fein abgeriebene Schale von 1 Bio-Limette

grüne Lebensmittelfarbe

## Zubereitung

1 Den Backofen auf 180 °C vorheizen und zwei Muffinformen mit insgesamt 16 Papierbackförmchen auskleiden.

2 Mehl, Backpulver und Salz in einer Schüssel vermengen. Butter, Zucker und Vanillezucker in einer weiteren Schüssel hell und schaumig schlagen. Die Eier unter ständigem Rühren nacheinander einrühren. Die Hälfte der Mehlmischung, Milch, Tequila, Limettenschale und -saft unterrühren. Die restliche Mehlmischung zugeben und einarbeiten.

3 Den Teig in die vorbereiteten Papierbackförmchen füllen und im vorgeheizten Ofen 20 Minuten backen, bis er aufgegangen und goldbraun ist und sich fest anfühlt. 1–2 Minuten in der Form abkühlen lassen, dann zum vollständigen Abkühlen aus der Form nehmen und auf ein Kuchengitter heben.

4 Für die Glasur Eiweiß und Puderzucker im Wasserbad schlagen, bis der Zucker vollständig aufgelöst ist. Vom Herd nehmen und die Mischung 4–5 Minuten weiterschlagen. Die Butter esslöffelweise zufügen und weiterrühren, bis sich weiße Spitzen bilden. Triple Sec, Limettenschale und so viel Lebensmittelfarbe unterheben, bis die Glasur schön grün ist. In einen Spritzbeutel mit Sterntülle füllen und in Rosetten auf die Cupcakes spritzen.

## Variation

Falls Sie keinen Tequila mögen, können Sie diesen problemlos durch weißen Rum ersetzen.

# Piña-Colada-Cupcakes

Ergibt 16 Stück

Vorbereitung: 30 Min. plus Abkühlzeit

Back- und Kochzeit: 25 Min.

## Zutaten

200 g Mehl

2 TL Backpulver

1 Msp. Salz

125 g weiche Butter

200 g Feinstzucker

2 Eier (Größe L), verquirlt

2 EL Kokoslikör

125 ml Milch

90 g Ananas aus der Dose, abgetropft und gehackt

60 g Kokosraspel, nach Belieben geröstet, zum Bestreuen

16 Cocktailschirmchen, zum Dekorieren

## Glasur

4 Eiweiß (Größe L)

200 g Zucker

1 Msp. Weinsteinbackpulver

einige Tropfen Kokosaroma (nach Belieben)

2 EL Kokoscreme

## Zubereitung

1 Den Backofen auf 180 °C vorheizen und zwei Muffinformen mit insgesamt 16 Papierbackförmchen auskleiden.

2 Mehl, Backpulver und Salz in eine Schüssel sieben. Butter und Zucker in einer weiteren Schüssel hell und schaumig schlagen. Die Eier unter ständigem Rühren nach und nach zufügen. Die Hälfte der Mehlmischung, Kokoslikör und Milch unterrühren. Die restliche Mehlmischung dazugeben, einrühren und die Ananas unterheben.

3 Den Teig in die vorbereiteten Papierbackförmchen füllen und im vorgeheizten Ofen 20 Minuten backen, bis er aufgegangen und goldbraun ist und sich fest anfühlt. 1–2 Minuten in der Form abkühlen lassen, dann zum vollständigen Abkühlen aus der Form nehmen und auf ein Kuchengitter heben.

4 Für die Glasur Eiweiß, Zucker und Weinsteinbackpulver im Wasserbad schlagen, bis der Zucker vollständig aufgelöst ist. Vom Herd nehmen und 4–5 Minuten weiterschlagen, bis sich weiße Spitzen bilden. Kokosaroma, falls verwendet, und Kokoscreme vorsichtig unter die Mischung heben. Die Glasur in einen Spritzbeutel mit Sterntülle füllen und in Rosetten auf die Cupcakes spritzen. Mit den Kokosraspeln bestreuen und mit Cocktailschirmchen dekorieren.

# Ahornsirup-Speck-Cupcakes

Ergibt 16 Stück

Vorbereitung: 35 Min. plus Abkühlzeit

Back- und Kochzeit: 55–60 Min.

## Zutaten

200 g Mehl

2 TL Backpulver

1 Msp. Salz

125 g weiche Butter

100 g Feinstzucker

1 Tütchen Vanillezucker

125 ml Ahornsirup

2 Eier (Größe L)

125 ml Milch

## Karamellspeck

8 Scheiben Frühstücksspeck

50 g Rohrzucker

## Glasur

4 Eiweiß (Größe L)

200 g Feinstzucker

1 Msp. Weinsteinbackpulver

2 EL Ahornsirup

## Zubereitung

1 Den Backofen auf 180 °C vorheizen und zwei Muffinformen mit insgesamt 16 Papierbackförmchen auskleiden.

2 Zunächst für den Karamellspeck ein Backblech mit Backpapier belegen. Den Speck darauflegen und mit Zucker bestreuen. Wenden und auf der anderen Seite bestreuen. Im vorgeheizten Ofen 25–30 Minuten backen, bis der Speck braun und knusprig ist. Herausholen, aber den Ofen nicht ausschalten. Den Speck auf Küchenpapier legen. 4 Scheiben zum Dekorieren beiseitelegen, die übrigen zerkrümeln.

3 Mehl, Backpulver und Salz in einer Schüssel vermengen. Butter, Zucker und Vanillezucker in einer weiteren Schüssel hell und schaumig schlagen. Zuerst Ahornsirup zugeben, dann unter ständigem Rühren die Eier einzeln einrühren. Die Mehlmischung und die Milch unterrühren. Dann die Speckbrösel vorsichtig unterheben.

4 Den Teig in die vorbereiteten Papierbackförmchen füllen und im vorgeheizten Ofen 20 Minuten backen, bis er aufgegangen und goldbraun ist und sich fest anfühlt. 1–2 Minuten abkühlen lassen, dann zum vollständigen Abkühlen aus der Form nehmen und auf ein Kuchengitter setzen.

5   Für die Glasur Eiweiß, Zucker und Backpulver im Wasserbad schlagen, bis der Zucker vollständig aufgelöst ist. Vom Herd nehmen und 4–5 Minuten weiterschlagen, bis sich weiße Spitzen bilden. Den Ahornsirup unterrühren. Die Glasur in einen Spritzbeutel mit Sterntülle füllen und in Rosetten auf die Cupcakes spritzen. Die ganzen Speckscheiben in 16 gleich große Stücke brechen und je 1 Stück in jeden Cupcake stecken.

# Rosa-Brause-Cupcakes

Ergibt 12 Stück       Vorbereitung: 35 Min.       Backzeit: 15–20 Min.
                      plus Abkühlzeit

## Zutaten

125 g Mehl

1½ TL Backpulver

125 g weiche Butter

125 g Feinstzucker

2 Eier (Größe L), leicht verquirlt

rosa Lebensmittelfarbe

60 g Zucker

Saft von 1 kleinen Zitrone

### Creme

125 g weiche Butter

Saft und fein abgeriebene Schale
von ½ Bio-Zitrone

4 EL Sahne

250 g Puderzucker

rosa Lebensmittelfarbe

### Zum Dekorieren

rosa und weiße Liebesperlen

10 rosa Strohhalme, auf 8 cm gekürzt

## Zubereitung

1 Den Backofen auf 180 °C vorheizen und eine 12er-Muffinform mit Papierbackförmchen auskleiden.

2 Mehl und Backpulver in eine große Schüssel sieben. Butter, Zucker und Eier zugeben und mit einem Handrührgerät zu einer glatten Masse verarbeiten, dann etwas Lebensmittelfarbe unterrühren.

3 Den Teig auf die Förmchen verteilen. 15–20 Minuten backen, bis der Teig aufgegangen und goldbraun ist und sich fest anfühlt. Auf einem Kuchengitter abkühlen lassen.

4 Unterdessen Zucker und Zitronensaft in einem kleinen Topf unter Rühren aufkochen, bis der Zucker aufgelöst ist. 15 Minuten abkühlen lassen. Die warmen Cupcakes an der Oberseite mehrfach einstechen und großzügig mit dem Zitronensirup beträufeln. Auf dem Kuchengitter ziehen lassen.

5 Für die Creme Butter, Zitronensaft und -schale in einer Schüssel mit einem Handrührgerät 2–3 Minuten schaumig schlagen. Die Sahne zugeben und verrühren, dann nach und nach den Puderzucker zugeben und 2–3 Minuten weiterrühren, bis die Buttercreme hell und sehr luftig ist. Bis zum gewünschten Farbton mit Lebensmittelfarbe einfärben.

6 Die Creme großzügig mit einem kleinen Palettenmesser auf den Cupcakes verteilen, dabei den Rand schräg glatt streichen. Die Liebesperlen in einen Teller schütten und die schrägen Cremeränder darin vorsichtig wälzen. Zum Schluss einen gekürzten Strohhalm in jeden Cupcake stecken.

# Cupcake im Schnapsglas

Ergibt 16 Stück

Vorbereitung: 30 Min. plus Abkühlzeit

Backzeit: 20 Min.

## Zutaten

150 g Mehl

1½ TL Backpulver

60 g gemahlene Mandeln

175 g weiche Butter

175 g Feinstzucker

1 Tütchen Vanillezucker

3 Eier

## Creme

220 g weiche Butter

180 g Puderzucker, bei Bedarf etwas mehr

1 EL Sahne

## Zubereitung

1 Den Backofen auf 180 °C vorheizen und zwei Muffinformen mit Papierbackförmchen auskleiden.

2 Mehl, Backpulver und Mandeln in eine Schüssel sieben. Butter, Zucker und Vanillezucker in einer weiteren Schüssel hell und schaumig schlagen. Unter ständigem Rühren die Eier einzeln zufügen. Die Mehlmischung unterrühren.

3 Den Teig in die vorbereiteten Formen füllen (den ganzen Teig verbrauchen) und im vorgeheizten Ofen 20 Minuten backen, bis er aufgegangen und goldbraun ist und sich fest anfühlt. 1–2 Minuten abkühlen lassen, dann zum vollständigen Abkühlen aus der Form nehmen und auf ein Kuchengitter setzen.

4 Für die Creme Butter, Puderzucker und Sahne in einer Schüssel mit einem Handrührgerät cremig aufschlagen. Falls nötig, mehr Puderzucker zufügen. Die Creme in einen Spritzbeutel mit kleiner Sterntülle füllen.

5 Die abgekühlten Cupcakes in eine Schüssel krümeln und die Krümel auf 16 kleine Gläser (mehr oder weniger je nach Größe der Gläser) verteilen. Die Creme in Rosetten auf die Cupcakes spritzen und gut gekühlt servieren.

# Teatime-Cupcakes

Ergibt 10 Tassen     Vorbereitung: 20 Min.     Backzeit: 20–25 Min.
plus Abkühlzeit

## Zutaten

175 g Mehl

2 TL Backpulver

½ TL Lebkuchengewürz

175 g weiche Butter, plus etwas
mehr zum Einfetten

175 g heller Rohrzucker

1 Tütchen Vanillezucker

3 Eier, verquirlt

2 EL sehr starker Earl-Grey-Tee

50 g Korinthen

Puderzucker und Lebkuchengewürz,
zum Bestäuben

## Zubereitung

1   Den Backofen auf 180 °C vorheizen. 10 ofenfeste Tassen
    (150 ml Volumen) mit Butter einfetten und auf zwei Backbleche
    verteilen.

2   Mehl, Backpulver und Lebkuchengewürz in eine große Schüssel
    sieben. Butter, Zucker, Vanillezucker und Eier zugeben und alles
    zu einem glatten Teig verarbeiten, dann den Tee und die Hälfte
    der Korinthen unterrühren. Den Teig auf die Tassen verteilen
    und mit den verbliebenen Korinthen bestreuen.

3   20–25 Minuten im vorgeheizten Ofen backen, bis die Ober-
    fläche goldbraun ist und sich fest anfühlt. Auf ein Kuchengitter
    stürzen und abkühlen lassen.

4   Zum Servieren die Cupcakes mit etwas Puderzucker und
    Lebkuchengewürz bestäuben.

# Cupcakes „Schwarzwälder Kirsch"

Ergibt 12 Stück

Vorbereitung: 30 Min. plus Abkühlzeit

Back– und Kochzeit: 25–30 Min.

## Zutaten

80 g Zartbitterschokolade, in Stücke gebrochen

1 TL Zitronensaft

4 EL Milch

150 g Mehl

1½ TL Backpulver

1 EL Kakaopulver

½ TL Natron

2 Eier

50 g weiche Butter

120 g heller Rohrzucker

25 g getrocknete Sauerkirschen

2 EL Kirschwasser (nach Belieben)

150 g Sahne, halb steif geschlagen

5 EL Kirschkonfitüre

Kakaopulver, zum Bestäuben

## Zubereitung

1 Den Backofen auf 180 °C vorheizen und eine 12er-Muffinform mit Papierbackförmchen auskleiden.

2 Die Schokolade im Wasserbad unter Rühren schmelzen. In einer Tasse Zitronensaft und Milch verrühren und 10 Minuten ruhen lassen. Die Milch ist danach leicht geronnen.

3 Mehl, Backpulver, Kakaopulver und Natron in eine Schüssel sieben. Eier, Butter, Zucker und die Milchmischung zufügen und alles mit einem Handrührgerät zu einem glatten Teig verarbeiten. Geschmolzene Schokolade und Kirschen locker unterheben.

4 Den Teig in die Papierbackförmchen füllen. 20–25 Minuten im vorgeheizten Ofen backen, bis die Kuchen aufgegangen sind und sich fest anfühlen. Auf einem Kuchengitter abkühlen lassen.

5 Mit einem Sägemesser einen Deckel abschneiden. Kirschwasser, falls verwendet, auf die Schnittflächen träufeln. In der Mitte etwas Schlagsahne verstreichen und 1 Teelöffel Kirschkonfitüre daraufgeben. Die Deckel lose wieder auflegen und das Ganze mit Kakaopulver bestäuben. Bis zum Servieren in den Kühlschrank stellen.

# Tiramisu-Cupcakes

Ergibt 12 Stück

Vorbereitung: 25 Min.
plus Abkühlzeit

Back- und Kochzeit:
20–25 Min.

## Zutaten

120 g weiche Butter

120 g Rohrzucker

2 Eier, verquirlt

120 g Mehl, gesiebt

1 TL Backpulver

2 TL Instantkaffeepulver

25 g Puderzucker

2 EL fein geriebene
Zartbitterschokolade,
zum Dekorieren

## Mascarponecreme

250 g Mascarpone

80 g Feinstzucker

2 EL Marsala oder süßer Sherry

## Zubereitung

1   Den Backofen auf 180 °C vorheizen und eine 12er-Muffinform
mit Papierbackförmchen auslegen.

2   Butter, Zucker, Eier, Mehl und Backpulver in einer Schüssel zu
einem glatten Teig verarbeiten. In die vorbereiteten Förmchen
füllen.

3   Im vorgeheizten Ofen 15–20 Minuten backen, bis die Cupcakes
goldbraun und gut aufgegangen sind.

4   Kaffeepulver, Puderzucker und 4 Esslöffel Wasser in einem
Topf unter Rühren sanft erhitzen, bis sich Kaffee und Zucker
aufgelöst haben, noch etwa 1 Minute köcheln. Dann 10 Minuten
abkühlen lassen. Die noch warmen Cupcakes mit dem Kaffee-
sirup beträufeln. Die Cupcakes aus der Form lösen und auf
einem Kuchengitter vollständig abkühlen lassen.

5   Für die Creme Mascarpone, Zucker und Marsala in einer
Schüssel glatt rühren und auf den Cupcakes verstreichen. Eine
Dekorschablone auflegen und mit der geriebenen Schokolade
bestreuen.

# Rosa Schaumküsse

Ergibt 16 Stück

Vorbereitung: 30 Min. plus Kühlzeit

Back- und Kochzeit: 25 Min.

## Zutaten

200 g Mehl

2 TL Backpulver

1 Msp. Salz

125 g weiche Butter

200 g Feinstzucker

1 Tütchen Vanillezucker

2 Eier (Größe L)

fein abgeriebene Schale und Saft von 1 Bio-Zitrone

4 EL Milch

rosa Lebensmittelfarbe

## Füllung

225 g Lemon Curd

125 g geschlagene Sahne

## Glasur

4 Eiweiß (Größe L)

200 g Feinstzucker

1 Msp. Weinsteinbackpulver

1 EL Zitronensaft

einige Tropfen Zitrusaroma

rosa Lebensmittelfarbe

## Zubereitung

1   Den Backofen auf 180 °C vorheizen und zwei Muffinformen mit insgesamt 16 Papierbackförmchen auskleiden.

2   Mehl, Backpulver und Salz in eine Schüssel sieben. Butter, Zucker und Vanillezucker in einer weiteren Schüssel hell und schaumig schlagen. Unter ständigem Rühren die Eier einzeln zufügen. Mehlmischung, Zitronenschale, -saft und Milch sorgfältig untermischen. Einige Tropfen Lebensmittelfarbe in den Teig mixen, bis er gleichmäßig eingefärbt ist.

3   Den Teig in die vorbereiteten Papierbackförmchen füllen und im Ofen 20 Minuten backen, bis er aufgegangen und goldbraun ist. 1–2 Minuten abkühlen lassen, zum vollständigen Abkühlen aus der Form nehmen und auf ein Kuchengitter setzen.

4   Für die Füllung das Lemon Curd vorsichtig unter die geschlagene Sahne heben. Die Zitronensahne bis zur Weiterverwendung in den Kühlschrank stellen.

5   Mit einem Apfelausstecher ein Loch in jeden Cupcake stechen und die Füllung dort hineingeben.

6  Für die Glasur Eiweiß, Zucker und Backpulver im Wasserbad schlagen, bis der Zucker vollständig aufgelöst ist. Vom Herd nehmen und 4–5 Minuten weiterschlagen, bis der Schnee steif wird und sich weiße Spitzen bilden. Zitronensaft, Aroma und einige Tropfen Lebensmittelfarbe unter die Glasur mischen.

7  Die Glasur in einen Spritzbeutel mit großer Lochtülle füllen und gleichmäßig auf die Cupcakes spritzen.

# Grüntee-Cupcakes mit Granatapfel

Ergibt 16 Stück

Vorbereitung: 30 Min. plus Abkühlzeit

Back- und Kochzeit: 35 Min.

## Zutaten

200 g Mehl

2 TL Backpulver

1 EL Grünteepulver (Matcha)

½ TL Salz

125 g weiche Butter

200 g Feinstzucker

1 Tütchen Vanillezucker

2 Eier (Größe L)

4 EL Milch

Granatapfelkerne, zum Dekorieren

### Granatapfelsirup

500 ml Granatapfelsaft

100 g Feinstzucker

### Glasur

120 g weiche Butter

300 g Puderzucker, bei Bedarf etwas mehr

## Zubereitung

1 Für den Granatapfelsirup Saft und Zucker in einem Topf auf mittlerer Stufe zum Kochen bringen, dabei gelegentlich rühren, bis der Zucker aufgelöst ist. Die Hitze reduzieren und die Mischung auf etwa 125 ml einkochen. Zum Abkühlen beiseitestellen.

2 Den Backofen auf 180 °C vorheizen und zwei Muffinformen mit insgesamt 16 Papierbackförmchen auskleiden.

3 Mehl, Backpulver, Grünteepulver und Salz in eine Schüssel sieben. Butter, Zucker und Vanillezucker in einer weiteren Schüssel hell und schaumig schlagen. Die Eier unter ständigem Rühren nacheinander einrühren. Die Hälfte der Mehlmischung, 4 Esslöffel Granatapfelsirup und Milch unterrühren. Dann die restliche Mehlmischung einarbeiten.

4 Den Teig auf die Papierbackförmchen verteilen und 20 Minuten im vorgeheizten Ofen backen, bis er aufgegangen ist und sich fest anfühlt. 1–2 Minuten abkühlen lassen, dann zum vollständigen Abkühlen aus der Form nehmen und auf ein Kuchengitter setzen.

5 Für die Glasur Butter, Puderzucker und restlichen Granatapfelsirup in einer Schüssel mit einem Handrührgerät aufschlagen. Falls nötig, mehr Puderzucker zufügen, um die gewünschte Konsistenz zu erhalten. Die Glasur in einen Spritzbeutel mit Sterntülle füllen und in Rosetten auf die Cupcakes spritzen.

6 Mit Granatapfelkernen dekorieren.

# Cupcakes mit Keksen

Ergibt 12 Stück

Vorbereitung: 35 Min. plus Abkühlzeit

Backzeit: 20 Min.

## Zutaten

12 Mini-Doppelkekse mit Cremefüllung

125 g Mehl

60 g Kakaopulver

1½ TL Backpulver

1 Msp. Salz

60 g weiche Butter

200 g Feinstzucker

1 Tütchen Vanillezucker

2 Eier (Größe L)

125 g Sahne

12 kleine Kekse oder Waffeln mit Schokoladenüberzug (z.B. Afrika von Bahlsen), zum Dekorieren

## Topping

225 g weiche Butter

175 g Puderzucker, bei Bedarf etwas mehr

1 Tütchen Vanillezucker

2 EL Milch

1 Prise Salz

6 Mini-Doppelkekse mit Cremefüllung

## Zubereitung

1 Den Backofen auf 180 °C vorheizen und eine 12er-Muffinform mit Papierbackförmchen auskleiden. In jedes Papierback-förmchen 1 Mini-Doppelkeks als Boden legen.

2 Mehl, Kakaopulver, Backpulver und Salz in eine Schüssel sieben. Butter, Zucker und Vanillezucker in einer zweiten Schüssel schaumig schlagen. Unter ständigem Rühren die Eier einzeln zufügen. Die Hälfte der Mehlmischung und die Sahne einrühren. Dann die restliche Mehlmischung beimengen.

3 Den Teig auf die Papierbackförmchen verteilen und 20 Minuten im vorgeheizten Ofen backen, bis er aufgegangen und goldbraun ist und sich fest anfühlt. 1–2 Minuten abkühlen lassen, dann zum vollständigen Abkühlen aus der Form lösen und auf ein Kuchen-gitter setzen.

4 Für das Topping die Butter in einer Schüssel mit einem Handrührgerät cremig aufschlagen. Puderzucker, Vanillezucker, Milch und Salz zufügen. Die Doppelkekse trennen und nur die Füllung in die Glasur rühren. Die Plätzchen beiseitelegen. Falls nötig, mehr Puderzucker zufügen, um die gewünschte Konsistenz zu erhalten.

5 Die beiseitegelegten Schokoladenkekse fein zerbröseln und unter die Glasur heben. Alles in einen Spritzbeutel mit großer Sterntülle füllen und in Rosetten auf die Cupcakes spritzen.

6 Jeden Cupcake mit einem Schokokeks dekorieren.

# Vegane Mandel-Cupcakes

Ergibt 16 Stück

Vorbereitung: 25 Min. plus Abkühlzeit

Back- und Kochzeit: 25–30 Min.

## Zutaten

5 EL Rapsöl

4 EL Sojajoghurt

160 ml Sojamilch

160 g Feinstzucker

5 Tropfen Bittermandelaroma

40 g gemahlene Mandeln

160 g Mehl

1½ TL Backpulver

½ TL Salz

## Guss

60 g vegane weiße Schokolade

100 g Puderzucker

1½ EL Sojamilch

geröstete Mandelsplitter, zum Dekorieren

## Zubereitung

1  Den Backofen auf 180 °C vorheizen und zwei Muffinformen mit insgesamt 16 Papierbackförmchen auskleiden.

2  Öl, Sojajoghurt, Sojamilch, Zucker, Bittermandelaroma und gemahlene Mandeln in eine große Rührschüssel geben. Mehl, Backpulver und Salz darübersieben und alles mit einem Handrührgerät zu einem glatten Teig verarbeiten.

3  Den Teig auf die vorbereiteten Förmchen verteilen und 20–25 Minuten im vorgeheizten Ofen backen, bis er aufgegangen und goldgelb ist. Auf einem Kuchengitter völlig abkühlen lassen, dann erst den Guss auftragen.

4  Für den Guss die Schokolade im Wasserbad schmelzen. Vom Herd nehmen und leicht abkühlen lassen, dann Puderzucker und Sojamilch unterrühren. Den Guss mit einem Teelöffel auf den Cupcakes verteilen und etwas verstreichen, dann mit den Mandelsplittern bestreuen.

# Heiße Orangen-Cupcakes

Ergibt 4 Tassen

Vorbereitung: 20 Min. plus Abkühlzeit

Koch- und Backzeit: 1½ Std.

## Zutaten

1 kleine Bio-Orange

90 g weiche Butter, plus etwas mehr zum Einfetten

90 g Zucker

1 Ei (Größe L), leicht verquirlt

120 g Mehl

1 TL Backpulver

2 EL Orangenmarmelade mit feinen Schalenstreifen, erwärmt

Crème fraîche, zum Servieren

## Zubereitung

1 Die Orange in einem Topf mit Wasser bedecken und zum Kochen bringen. Die Hitze reduzieren und abgedeckt 1 Stunde köcheln. Die Orange aus dem Wasser heben und 30 Minuten abkühlen lassen.

2 Den Backofen auf 180 °C vorheizen und 4 ofenfeste Tassen (150 ml Volumen) oder Ramequin-Förmchen mit Butter einfetten.

3 Die Orange grob in Stücke schneiden und alle Kerne entfernen. Die Orangenstücke (mit Schale) in der Küchenmaschine fein pürieren. Butter, Zucker, Ei, Mehl und Backpulver zufügen und alles zu einem glatten Teig verarbeiten.

4 Den Teig auf die Tassen verteilen und auf ein Backblech stellen. 25–30 Minuten im Ofen backen, bis die Oberfläche goldbraun ist und sich fest anfühlt. 2–3 Minuten abkühlen lassen, dann mit der warmen Marmelade bestreichen. Mit Crème fraîche servieren.

# Karamell-Cupcakes

Ergibt 18 Stück

Vorbereitung: 25 Min. plus Abkühlzeit

Back- und Kochzeit: 20–25 Min.

## Zutaten

175 g Mehl

2 TL Backpulver

175 g weiche Butter

175 g heller Rohrzucker

1 Tütchen Vanillezucker

3 Eier, verquirlt

### Karamellglasur

2 EL heller Sirup

25 g Butter

2 EL heller Rohrzucker

## Zubereitung

1 Den Backofen auf 180 °C vorheizen und zwei Muffinformen mit insgesamt 18 Papierbackförmchen auskleiden.

2 Mehl und Backpulver in eine große Schüssel sieben. Butter, Zucker, Vanillezucker und Eier zufügen und alles zu einem glatten Teig verarbeiten.

3 Den Teig auf die Papierbackförmchen verteilen und im vorgeheizten Ofen 15-20 Minuten backen, bis er aufgegangen und goldbraun ist und sich fest anfühlt. Auf einem Kuchengitter abkühlen lassen.

4 Für die Karamellglasur hellen Sirup, Butter und Zucker in einem kleinen Topf unter Rühren sanft erhitzen, bis der Zucker aufgelöst ist. Zum Kochen bringen und etwa 1 Minute unter Rühren weiterkochen. Die Cupcakes mit der Glasur beträufeln und fest werden lassen.

# Ingwer-Cupcakes

Ergibt 18 Stück    Vorbereitung: 25 Min. plus Abkühlzeit    Backzeit: 15–20 Min.

## Zutaten

175 g Mehl

2 TL Backpulver

2 TL gemahlener Ingwer

175 g weiche Butter

175 g heller Rohrzucker

3 Eier, verquirlt

25 g kandierter Ingwer, fein gehackt, plus etwas zum Garnieren

### Glasur

200 g Ricotta

90 g Puderzucker, gesiebt

fein abgeriebene Schale von 1 Bio-Mandarine

## Zubereitung

1   Den Backofen auf 180 °C vorheizen und zwei Muffinformen mit insgesamt 18 Papierbackförmchen auskleiden.

2   Mehl, Backpulver und gemahlenen Ingwer in eine große Schüssel sieben. Butter, Zucker und Eier hinzufügen und alles zu einem glatten Teig verrühren. Die kandierten Ingwerstückchen unterheben.

3   Den Teig in die Backförmchen füllen und im vorgeheizten Ofen 15–20 Minuten backen, bis er aufgegangen und goldbraun ist und sich fest anfühlt. Auf einem Kuchengitter abkühlen lassen.

4   Für die Glasur Ricotta, Puderzucker und Mandarinenschale glatt rühren. Die Cupcakes mit der Glasur bestreichen.

5   Mit Ingwerstückchen garniert servieren.

# Limoncello-Cupcakes

Ergibt 16 Stück

Vorbereitung: 30 Min.
plus Abkühlzeit

Back- und Kochzeit:
25 Min.

## Zutaten

200 g Mehl

2 TL Backpulver

1 Msp. Salz

120 g weiche Butter

200 g Feinstzucker

2 Eier (Größe L), leicht verquirlt

fein abgeriebene Schale und Saft
von 1 Bio-Zitrone

4 EL Milch

Liebesperlen, zum Dekorieren

## Topping

3 Eiweiß (Größe L)

150 g Feinstzucker

220 g weiche Butter

4 EL Limoncello (Zitronenlikör)

1 TL fein abgeriebene Schale
von 1 Bio-Zitrone

## Zubereitung

1   Den Backofen auf 180 °C vorheizen und zwei Muffinformen mit insgesamt 16 Papierbackförmchen auskleiden.

2   Mehl, Backpulver und Salz in eine Schüssel sieben. Butter und Zucker in einer weiteren Schüssel hell und schaumig schlagen. Die Eier unter ständigem Rühren nach und nach zufügen. Dann die Hälfte der Mehlmischung, Zitronenschale und -saft sowie Milch untermischen. Zum Schluss die restliche Mehlmischung einrühren.

3   Den Teig in die vorbereiteten Papierbackförmchen füllen und im vorgeheizten Ofen 20 Minuten backen, bis er aufgegangen und goldbraun ist und sich fest anfühlt. 1–2 Minuten in der Form abkühlen lassen, zum vollständigen Abkühlen aus der Form nehmen und auf ein Kuchengitter setzen.

4   Für das Topping Eiweiß und Puderzucker im Wasserbad schlagen, bis der Zucker vollständig aufgelöst ist. Vom Herd nehmen und 4–5 Minuten weiterschlagen. Die Butter esslöffelweise zufügen und rühren, bis sich weiße Spitzen bilden. Limoncello und Zitronenschale vorsichtig unterheben.

5   Das Topping in einen Spritzbeutel mit Sterntülle füllen, in Rosetten auf die Cupcakes spritzen und mit Liebesperlen bestreuen.

3

4

5

# Irische Schoko-Ale-Cupcakes

Ergibt 12 Stück

Vorbereitung: 40 Min.
plus Abkühlzeit

Back- und Kochzeit:
25 Min.

## Zutaten

125 g Mehl

60 g Kakaopulver

1½ TL Backpulver

1 Msp. Salz

125 g weiche Butter

200 g Feinstzucker

1 Tütchen Vanillezucker

2 Eier (Größe L)

125 ml Ale (dunkles Starkbier)

## Glasur

3 Eiweiß (Größe L)

160 g heller Rohrzucker

1 Tütchen Vanillezucker

160 g weiche Butter

## Zum Dekorieren

60 g grüner Rollfondant

Puderzucker, zum Bestäuben

gelber Dekorzucker

## Zubereitung

1 Den Backofen auf 180 °C vorheizen und eine 12er-Muffinform mit Papierbackförmchen auskleiden.

2 Mehl, Kakaopulver, Backpulver und Salz in eine Schüssel sieben. Butter, Zucker und Vanillezucker in einer zweiten Schüssel mit einem Handrührgerät hell und schaumig schlagen. Die Eier unter ständigem Rühren nacheinander zufügen. Die Hälfte der Mehlmischung und das Bier einrühren, dann die restliche Mehlmischung.

3 Den Teig auf die Papierbackförmchen verteilen und 20 Minuten im vorgeheizten Ofen backen, bis er aufgegangen und goldbraun ist und sich fest anfühlt. 1–2 Minuten in der Form abkühlen lassen, zum vollständigen Abkühlen aus der Form nehmen und auf ein Kuchengitter heben.

4 Für die Glasur Eiweiß, Zucker und Vanillezucker im Wasserbad schlagen, bis der Zucker vollständig aufgelöst ist. Vom Herd nehmen und 4–5 Minuten weiterschlagen. Die Butter esslöffelweise zufügen und rühren, bis sich weiße Spitzen bilden. Die Glasur in einen Spritzbeutel mit Sterntülle füllen und in Rosetten auf die Cupcakes spritzen.

5 Für die Kleeblätter den Rollfondant auf einer leicht mit Puderzucker bestäubten Arbeitsplatte 5 mm dick ausrollen. 12 Kleeblätter ausschneiden und zum Trocknen beiseitelegen.

6 Gelben Dekorzucker über die Cupcakes streuen und je ein Kleeblatt aufdrücken.

# Chili-Schoko-Cupcakes

Ergibt 12 Stück     Vorbereitung: 25 Min. plus Abkühlzeit     Backzeit: 20 Min.

## Zutaten

125 g Mehl

75 g Kakaopulver

1½ TL Backpulver

½ TL Zimtpulver

1 TL mildes Chilipulver

1 Msp. Cayennepfeffer

1 Msp. Salz

125 g weiche Butter

200 g Feinstzucker

1 Tütchen Vanillezucker

2 Eier (Größe L), leicht verquirlt

125 ml Milch

2 EL geriebene Vollmilchschokolade, zum Dekorieren

### Glasur

120 g weiche Butter

190 g Puderzucker, bei Bedarf etwas mehr

1 Tütchen Vanillezucker

40 g Kakaopulver

2 EL Milch

1 TL Zimtpulver

## Zubereitung

1 Den Backofen auf 180 °C vorheizen und eine 12er-Muffinform mit Papierbackförmchen auskleiden.

2 Mehl, Kakaopulver, Backpulver, Zimtpulver, Chilipulver, Cayennepfeffer und Salz in eine Schüssel sieben. Butter, Zucker und Vanillezucker in einer weiteren Schüssel hell und schaumig schlagen. Die Eier unter ständigem Rühren nach und nach zufügen. Die Hälfte der Mehlmischung und die Milch sorgfältig untermischen. Dann die restliche Mehlmischung einrühren.

3 Den Teig auf die Papierbackförmchen verteilen und 20 Minuten im vorgeheizten Ofen backen, bis er aufgegangen und goldbraun ist und sich fest anfühlt. 1–2 Minuten abkühlen lassen, dann zum vollständigen Abkühlen aus der Form nehmen und auf ein Kuchengitter setzen.

4 Für die Glasur die Butter in einer Schüssel mit einem Handrührgerät hell aufschlagen. Puderzucker, Vanillezucker, Kakaopulver, Milch und Zimt untermischen, bis eine glatte, cremige Masse entsteht. Falls nötig, mehr Puderzucker zufügen, um die gewünschte Konsistenz zu erhalten. Die Glasur in einen Spritzbeutel mit Sterntülle füllen und in Rosetten auf die Cupcakes spritzen. Mit der geriebenen Schokolade bestreuen.

# Glutenfreie Möhren-Cupcakes

Ergibt 12 Stück

Vorbereitung: 25 Min. plus Abkühlzeit

Backzeit: 15–20 Min.

## Zutaten

120 g heller Rohrzucker

90 ml Sonnenblumenöl

2 Eier, leicht verquirlt

1 Prise Safranfäden, zerkrümelt

120 g glutenfreies Mehl, gesiebt

1½ TL glutenfreies Backpulver

1 TL Xanthan

½ TL Lebkuchengewürz

250 g Möhren, gerieben

50 g Walnüsse, gehackt

geröstete Mandelblättchen, zum Dekorieren

## Creme

100 g Frischkäse

40 g weiche Butter

2 EL gemahlene Mandeln

abgeriebene Schale von 2 Bio-Limetten

250 g Puderzucker

## Zubereitung

1 Den Backofen auf 180 °C vorheizen und eine 12er-Muffinform mit Papierbackförmchen auskleiden.

2 Zucker, Öl, Eier und Safran in einer großen Schüssel schaumig schlagen. Mehl, Backpulver, Xanthan, Lebkuchengewürz, Möhren und Walnüsse zugeben und alles vorsichtig durchmengen.

3 Den Teig auf die Papierbackförmchen verteilen. 15–20 Minuten backen, bis der Teig gut aufgegangen und goldbraun ist und sich fest anfühlt. Auf einem Kuchengitter abkühlen lassen.

4 Für die Creme alle Zutaten mit einem Handrührgerät schaumig schlagen.

5 In einen Spritzbeutel füllen und in Rosetten auf die vollständig abgekühlten Cupcakes spritzen. Mit Mandelblättchen bestreuen.

# Orangen-Mohn-Cupcakes

**Ergibt 10 Stück**

**Vorbereitung: 25 Min.** plus Quell- und Abkühlzeit

**Backzeit: 20 Min.**

## Zutaten

2 EL Mohnsamen, plus etwas mehr zum Dekorieren

2 EL heiße Milch

90 g weiche Butter

90 g Zucker

fein abgeriebene Schale von ½ Bio-Orange

1 Ei (Größe L), leicht verquirlt

100 g Mehl

1 TL Backpulver

## Creme

90 g weiche Butter

fein abgeriebene Schale von ½ Bio-Orange

175 g Puderzucker

1–2 EL Orangensaft

## Zubereitung

1 Den Backofen auf 180 °C vorheizen und eine Muffinform mit insgesamt 10 Papierbackförmchen auskleiden. Mohn und Milch in einer Schüssel verrühren und 10 Minuten quellen lassen.

2 Butter, Zucker und Orangenschale in einer Schüssel schaumig schlagen. Nach und nach das Ei unterrühren. Mehl und Backpulver darübersieben. Die Milch-Mohn-Mischung zufügen und alles mit einem Metalllöffel vermengen. Den Teig auf die Papierbackförmchen verteilen.

3 20 Minuten im Ofen backen, bis der Teig aufgegangen und goldbraun ist und sich fest anfühlt. Auf einem Kuchengitter abkühlen lassen.

4 Für die Creme Butter und Orangenschale in einer Schüssel schaumig schlagen. Nach und nach den Puderzucker und nur so viel Orangensaft unterrühren, bis eine nicht zu weiche Creme entsteht. In einen Spritzbeutel mit glatter Tülle füllen und dicke Tupfen auf die Cupcakes spritzen. Mit einer Prise Mohn bestreuen.

# Schoko-Birnen-Cupcakes

Ergibt 12 Stück    Vorbereitung: 25 Min. plus Abkühlzeit    Backzeit: 20 Min.

## Zutaten

120 g weiche Butter

120 g heller Rohrzucker

2 Eier

100 g Mehl

1 TL Backpulver

2 EL Kakaopulver

4 Birnenhälften aus der Dose, abgetropft und in je 6 Spalten geschnitten

2 EL klarer Honig, erwärmt

## Zubereitung

1 Den Backofen auf 180 °C vorheizen und eine 12er-Muffinform mit Papierbackförmchen auskleiden.

2 Butter, Zucker, Eier, Mehl, Back- und Kakaopulver in einer Schüssel mit einem Handrührgerät zu einem glatten Teig verarbeiten. Auf die Papierbackförmchen verteilen und glatt streichen. Auf jeden Cupcake zwei Birnenspalten legen.

3 20 Minuten im Ofen backen, bis der Teig aufgegangen und goldbraun ist und sich fest anfühlt. Die Cupcakes auf ein Kuchengitter heben und noch warm mit dem Honig glasieren. Dann ganz abkühlen lassen.

# Korinthenmuffins

Ergibt 18 Stück        Vorbereitung: 15 Min.        Backzeit: 15–20 Min.
                       plus Abkühlzeit

## Zutaten

120 g weiche Butter

120 g Zucker

2 Eier (Größe L), leicht verquirlt

2 EL Zitronensaft

175 g Mehl

2 TL Backpulver

120 g Korinthen

2–4 EL Milch (bei Bedarf)

## Zubereitung

1 Den Backofen auf 180 °C vorheizen und zwei Muffinformen mit 18 Papierbackförmchen auskleiden.

2 Butter und Zucker in einer Schüssel schaumig schlagen. Die Eier zugeben und unterrühren, dann den Zitronensaft mit 1 Esslöffel Mehl einrühren. Mit einem Metalllöffel das restliche Mehl, Backpulver, Korinthen und bei Bedarf etwas Milch zugeben, bis ein weicher, schwer vom Löffel reißender Teig entsteht. Den Teig in die Papierbackförmchen füllen.

3 15–20 Minuten goldbraun backen, bis der Teig aufgegangen und goldbraun ist und sich fest anfühlt. Auf einem Kuchengitter abkühlen lassen.

# Linzer Cupcakes

**Ergibt 4 Stück**

Vorbereitung: 20 Min. plus Abkühl- und Trockenzeit

Backzeit: 20–25 Min.

## Zutaten

50 g weiche Butter, plus etwas mehr zum Einfetten

50 g Zucker

1 Ei (Größe L), leicht verquirlt

50 g Mehl

½ TL Backpulver

40 g gemahlene Mandeln

2 Tropfen Bittermandelaroma

1 EL Milch

40 g Belegkirschen, geviertelt

1 EL geröstete Mandelblättchen, zum Dekorieren

## Glasur

40 g Puderzucker

2 TL Zitronensaft

## Zubereitung

1 Den Backofen auf 180 °C vorheizen und 4 ofenfeste Tassen (150 ml Volumen) oder Ramequin-Förmchen mit Butter einfetten.

2 Butter und Zucker in einer Schüssel schaumig schlagen. Nach und nach das Ei einarbeiten. Mehl und Backpulver darübersieben, gemahlene Mandeln, Bittermandelaroma und Milch zufügen und mit einem Metalllöffel vorsichtig unterheben.

3 Den Teig auf die Tassen verteilen und mit den Kirschen bestreuen. Die Tassen auf ein Backblech stellen und 20–25 Minuten im Ofen backen, bis der Teig aufgegangen und goldbraun ist und sich fest anfühlt. Abkühlen lassen.

4 Für die Glasur den Puderzucker in eine Schüssel sieben und nur so viel Zitronensaft unterrühren, bis ein glatter, weicher Guss entsteht. Mit einem Teelöffel über die Küchlein träufeln und mit den Mandelblättchen dekorieren. Vor dem Servieren fest werden lassen.

# Brownie-Cupcakes

Ergibt 16 Stück

Vorbereitung: 20 Min.
plus Abkühlzeit

Back- und Kochzeit:
35 Min.

## Zutaten

225 g Zartbitterschokolade,
in Stücke gebrochen

80 g weiche Butter

2 Eier (Größe L)

200 g brauner Zucker

1 Tütchen Vanillezucker

150 g Mehl

75 g Walnüsse, grob gehackt

## Zubereitung

1 Den Backofen auf 180 °C vorheizen und zwei Muffinformen mit insgesamt 16 Papierbackförmchen auskleiden.

2 Die Schokolade mit der Butter im Wasserbad unter Rühren schmelzen. Vom Herd nehmen und weiterrühren, bis eine glatte Masse entsteht. Leicht abkühlen lassen.

3 Eier mit Zucker und Vanillezucker in einer Schüssel verquirlen. Das Mehl darübersieben, dann die noch flüssige Schokolade zugießen und alles zu einem glatten Teig verarbeiten. Die Walnüsse unterheben und den Teig in die Papierbackförmchen geben.

4 30 Minuten backen. Die Cupcakes sollten außen fest, innen aber noch etwas feucht sein. Die Formen aus dem Ofen nehmen und 10 Minuten abkühlen lassen, dann die Cupcakes auf einem Kuchengitter vor dem Servieren vollständig abkühlen lassen.

# Mokkatörtchen

Ergibt 12 Stück       Vorbereitung: 30 Min. plus       Backzeit: 20 Min.
Abkühl- und Trockenzeit

## Zutaten

120 g weiche Butter

120 g heller Rohrzucker

2 Eier

120 g Mehl

1 TL Backpulver

1 EL Instantkaffeepulver,
in 1 EL kochendem Wasser
aufgelöst und abgekühlt

2 EL Schmand

## Glasur

220 g Puderzucker

1 EL Instantkaffeepulver,
in 1 EL kochendem Wasser aufgelöst

## Zubereitung

1 Den Backofen auf 180 °C vorheizen und eine 12er-Muffinform mit Papierbackförmchen auskleiden.

2 Butter, Zucker und Eier in einer Schüssel verquirlen. Mehl und Backpulver darübersieben und glatt rühren. Kaffeepaste und Schmand zugeben und alles gut verrühren.

3 Den Teig in die Papierbackförmchen füllen. 20 Minuten im Ofen backen, bis der Teig aufgegangen und goldbraun ist und sich fest anfühlt. Auf einem Kuchengitter abkühlen lassen.

4 Für die Glasur 140 g Puderzucker in eine Schüssel sieben und mit 4 Teelöffeln warmem Wasser verrühren. Den restlichen Puderzucker in eine Schüssel sieben und die Kaffeepaste einrühren. Die Kaffeeglasur in eine Spritztüte mit sehr feiner Tülle geben. Wenn die Törtchen abgekühlt sind, alle gleichmäßig mit der weißen Zuckerglasur bestreichen, dann mit der Kaffeeglasur feine Linien aufbringen. Mit einem Zahnstocher die kaffeebraunen Linien abwechselnd nach rechts und links zu einem Federmuster verziehen. Vor dem Servieren fest werden lassen.

# Glutenfreie Schoko-Nuss-Muffins

Ergibt 18 Stück          Vorbereitung: 20 Min.          Backzeit: 25–30 Min.
                         plus Abkühlzeit

## Zutaten

200 g Feinstzucker

½ TL Glycerin

190 g weiche Butter

4 Eier, leicht verquirlt

50 g glutenfreies Kakaopulver

175 g glutenfreies Mehl

2 TL glutenfreies Backpulver

1 Msp. Xanthan

70 g Macadamianüsse, gehackt

## Zubereitung

1 Den Backofen auf 180 °C vorheizen und zwei Muffinformen mit insgesamt 18 Papierbackförmchen auskleiden.

2 Zucker, Glycerin und Butter in einer Schüssel schaumig schlagen. Die Eier nach und nach zugeben. Nach jeder Zugabe gründlich mit einem Handrührgerät verquirlen.

3 Kakaopulver, Mehl, Backpulver und Xanthan darübersieben und vorsichtig einarbeiten. Die Hälfte der Macadamianüsse unter Zugabe von 3 Esslöffeln Wasser unterheben.

4 Den Teig auf die Papierbackförmchen verteilen. Mit den restlichen Nüssen bestreuen.

5 25–30 Minuten backen, bis die Nüsse goldbraun sind. Der Teig sollte gut aufgegangen sein und sich fest anfühlen. Auf einem Kuchengitter abkühlen lassen.

# Cupcakes mit weißer Cremeglasur

**Ergibt 10 Minis**

**Vorbereitung: 20 Min. plus Abkühlzeit**

**Back- und Kochzeit: 20–25 Min.**

## Zutaten

80 g weiche Butter

50 g brauner Zucker

1 EL heller Sirup

1 Ei (Größe L), leicht verquirlt

100 g Mehl

1 TL Backpulver

1 TL frisch geriebene Muskatnuss

2 EL Milch

### Creme

120 g heller Rohrzucker

1 kleines Eiweiß

1 Prise Weinsteinbackpulver

## Zubereitung

1 Den Backofen auf 180 °C vorheizen und eine Muffinform mit insgesamt 10 Papierbackförmchen auskleiden.

2 Butter, Zucker und Sirup in einer Schüssel schaumig schlagen. Nach und nach das Ei unterrühren. Mehl und Backpulver darübersieben, Muskat und Milch zugeben und mit einem Metalllöffel vorsichtig unterheben.

3 Den Teig in die vorbereiteten Formen füllen und 15–20 Minuten backen, bis er aufgegangen und goldbraun ist und sich fest anfühlt. Auf einem Kuchengitter abkühlen lassen.

4 Für die Creme alle Zutaten mit 1 Esslöffel heißem Wasser im Wasserbad erwärmen. Mit einem Handrührgerät 5–6 Minuten im Wasserbad zu einer dicklichen Creme aufschlagen, bis sich weiße Spitzen bilden. Auf die Cupcakes löffeln und in der Mitte eine Spitze hochziehen.

# Rocky-Road-Cupcakes

Ergibt 12 Stück

Vorbereitung: 25 Min.
plus Abkühlzeit

Backzeit: 20 Min.

## Zutaten

2 EL Kakaopulver

120 g weiche Butter

120 g Feinstzucker

2 Eier, leicht verquirlt

120 g Mehl

1 TL Backpulver

## Topping

25 g grob gehackte gemischte Nüsse

120 g Mini-Marshmallows

40 g Belegkirschen, gehackt

100 g Vollmilchschokolade,
geschmolzen

## Zubereitung

1   Den Backofen auf 180 °C vorheizen und eine 12er-Muffinform mit Papierbackförmchen auskleiden.

2   Kakaopulver und 2 Esslöffel heißes Wasser verrühren und beiseitestellen. Butter und Zucker in einer Schüssel schaumig schlagen. Nach und nach die Eier unterrühren, dann die Kakaomasse zugeben. Mehl und Backpulver darübersieben und mit einem Metalllöffel vorsichtig unterheben.

3   Den Teig in die vorbereiteten Formen füllen und 20 Minuten im Ofen backen, bis er aufgegangen und goldbraun ist und sich fest anfühlt. Auf einem Kuchengitter abkühlen lassen.

4   Für das Topping Nüsse, Marshmallows und Kirschen zügig in die geschmolzene Schokolade rühren und auf den Cupcakes verteilen. Fest werden lassen.

## Variation

Probieren Sie Rosinen als Alternative zu den Marshmallows, wenn Sie ein fruchtigeres Topping bevorzugen.

# SCHNELLE MUFFINS

# Cranberrymuffins

Ergibt 16 Stück

Vorbereitung: 20 Min. plus Abkühlzeit

Backzeit: 20 Min.

## Zutaten

175 g Mehl

60 g Weizenvollkornmehl

2 TL Backpulver

1 TL Zimt

1 Ei

70 g Orangenmarmelade mit feinen Schalenstreifen

150 ml fettarme Milch

5 EL Maiskeimöl

120 g frische Cranberrys oder Tiefkühlware, aufgetaut

1 Apfel, geschält, entkernt, klein gewürfelt

1 EL Haferflocken

## Zubereitung

1 Den Backofen auf 180 °C vorheizen und zwei Muffinform mit insgesamt 16 Papierbackförmchen auskleiden. Beide Mehlsorten, Backpulver und Zimt in eine große Schüssel sieben. Im Sieb zurückbleibende Kleie ebenfalls in die Schüssel geben. Eine Vertiefung in die Mitte drücken.

2 Ei und Marmelade in einem Rührbecher leicht verquirlen, dann Milch und Öl unterrühren. Die Eiermilch in die Vertiefung der trockenen Zutaten gießen und alles zu einem groben Teig verarbeiten, nicht zu intensiv rühren. Cranberrys und Apfelstücke unterheben.

3 Den Teig in die vorbereiteten Förmchen füllen und mit den Haferflocken bestreuen. Im vorgeheizten Ofen etwa 20 Minuten backen, bis die Muffins gut aufgegangen und goldbraun sind.

4 Die Muffins 5 Minuten in der Form abkühlen lassen, dann herausheben und auf einem Kuchengitter vollständig abkühlen lassen.

# Zebramuffins

Ergibt 16 Stück

Vorbereitung: 25 Min. plus
Abkühl- und Trockenzeit

Back- und Kochzeit:
25 Min.

## Zutaten

180 g weiße Schokolade

200 g Mehl

25 g Kakaopulver

2 TL Backpulver

1 TL Zimt

120 g Feinstzucker

2 Eier

220 ml Milch

100 ml Sonnenblumenöl

## Zubereitung

1 Den Backofen auf 180 °C vorheizen und zwei Muffinformen mit insgesamt 16 Papierbackförmchen auskleiden. Die Schokolade grob hacken. 125 g davon in eine Rührschüssel geben. Mehl, Kakaopulver, Backpulver und Zimt darübersieben und den Zucker zugeben.

2 Die Eier in einer Schüssel mit Milch und Sonnenblumenöl leicht verquirlen. In die Mitte der trockenen Zutaten eine Vertiefung drücken und die flüssigen Zutaten hineingießen. Nur kurz vermischen, nicht zu intensiv rühren.

3 Den Teig in die vorbereiteten Formen füllen und 20 Minuten im vorgeheizten Ofen backen, bis er aufgegangen ist und sich fest anfühlt.

4 In der Form 5 Minuten abkühlen lassen, aus der Form nehmen und auf einem Kuchengitter vollständig abkühlen lassen.

5 Die restliche Schokolade im Wasserbad schmelzen. In Streifen über die Muffins träufeln und fest werden lassen.

# Erdnuss-Toffee-Muffins

Ergibt 16 Stück

Vorbereitung: 20 Min. plus Abkühlzeit

Backzeit: 20–25 Min.

## Zutaten

250 g Mehl

3 TL Backpulver

90 g Feinstzucker

6 EL Erdnussbutter mit Stückchen

1 Ei (Größe L)

175 ml Milch

50 g Butter, zerlassen und abgekühlt

150 g weiche Karamellbonbons, in kleine Stücke geschnitten

3 EL grob gehackte ungesalzene Erdnüsse

## Zubereitung

1 Den Backofen auf 180 °C vorheizen und zwei Muffinformem mit insgesamt 16 Papierbackförmchen auskleiden. Mehl und Backpulver in eine große Schüssel sieben. Den Zucker unter-mengen. Die Erdnussbutter zufügen und alles verrühren, bis die Mischung feinkrümelig ist.

2 Das Ei in einem Rührbecher mit Milch und zerlassener Butter verquirlen. In die Mitte der trockenen Zutaten eine Vertiefung drücken, die flüssigen Zutaten hineingießen und die Bonbon-stückchen zugeben. Nur kurz vermischen, nicht zu intensiv rühren.

3 Den Teig in die vorbereiteten Formen füllen und mit den Erdnüssen bestreuen. 20–25 Minuten im vorgeheizten Ofen backen, bis er aufgegangen und goldbraun ist und sich fest anfühlt.

4 Die Muffins in der Form 5 Minuten abkühlen lassen und warm servieren oder aus der Form nehmen und auf einem Kuchen-gitter vollständig abkühlen lassen.

# Vollkornmuffins

Ergibt 18 Stück

Vorbereitung: 25 Min.
plus Abkühlzeit

Backzeit: 25–30 Min.

## Zutaten

220 g Vollkornmehl

3 TL Backpulver

25 g heller Rohrzucker

100 g getrocknete Aprikosen,
gehackt

1 Banane, mit einer Gabel zerdrückt

1 EL Orangensaft

1 TL fein abgeriebene Schale
von 1 Bio-Orange

300 ml Milch

1 Ei, verquirlt

3 EL Maiskeimöl

2 EL Haferflocken

Konfitüre, Honig oder Ahornsirup,
zum Servieren

## Zubereitung

1  Den Backofen auf 180 °C vorheizen und zwei Muffinform mit insgesamt 18 Papierbackförmchen auskleiden. Mehl und Backpulver in eine Rührschüssel sieben. Alle Rückstände aus dem Sieb wieder zum Mehl geben. Zucker und Aprikosen einrühren.

2  Eine Vertiefung in die Mitte des Mehls drücken und Banane, Orangensaft und -schale, Milch, Ei und Öl hineingeben. Alles zügig vermengen, aber nicht völlig glatt rühren.

3  Die Mischung auf die Formen verteilen, mit Haferflocken bestreuen und 25–30 Minuten backen. Der Teig sollte gut aufgegangen sein und sich fest anfühlen.

4  Auf einem Kuchengitter leicht abkühlen lassen. Die Muffins warm mit Konfitüre, Honig oder Ahornsirup servieren.

# Schoko-Orangen-Muffins

Ergibt 16 Stück

Vorbereitung: 25 Min. plus Abkühlzeit

Back- und Kochzeit: 25 Min.

## Zutaten

Saft und fein abgeriebene Schale von 2 Bio-Orangen

ca. 125 ml Milch

220 g Mehl

50 g Kakaopulver

2 TL Backpulver

1 Prise Salz

120 g heller Rohrzucker

150 g Zartbitterschokoladentropfen

2 Eier

90 ml Sonnenblumenöl oder 90 g Butter, zerlassen und abgekühlt

Orangenzesten, zum Dekorieren

## Creme

50 g Zartbitterschokolade, in Stücke gebrochen

25 g Butter

175 g Puderzucker, gesiebt

## Zubereitung

1  Den Backofen auf 180 °C vorheizen und zwei Muffinform mit insgesamt 16 Papierbackförmchen auskleiden. Den Orangensaft in einen Messbecher gießen und mit Milch auf 250 ml auffüllen. Dann die Orangenschale einrühren. Mehl, Kakaopulver, Backpulver und Salz in eine große Schüssel sieben. Zucker und Schokoladentropfen zugeben. Die Eier in einem Rührbecher leicht verquirlen. Die Orangen-Milch-Mischung und das Sonnenblumenöl einrühren. In die Mitte der trockenen Zutaten eine Vertiefung drücken und die flüssigen Zutaten hineingießen. Nur kurz vermischen, nicht zu intensiv rühren.

2  Den Teig in die vorbereiteten Formen füllen und 20 Minuten im vorgeheizten Ofen backen, bis er aufgegangen ist und sich fest anfühlt. In der Form 5 Minuten abkühlen lassen. Die Muffins aus der Form nehmen und auf einem Kuchengitter vollständig abkühlen lassen.

3  Für die Creme die Schokolade mit Butter und 2 Esslöffeln Wasser im Wasserbad unter ständigem Rühren schmelzen. Vom Herd nehmen und den Puderzucker einrühren. Die Muffins mit der Creme bestreichen und mit Orangenzesten dekorieren.

# Mokkamuffins

Ergibt 16 Stück

Vorbereitung: 2 Min.
plus Abkühlzeit

Backzeit: 20 Min.

## Zutaten

220 g Mehl

2 TL Backpulver

2 EL Kakaopulver

1 Prise Salz

120 g Butter, zerlassen

150 g brauner Zucker

1 Ei (Größe L), leicht verquirlt

125 ml Milch

5 Tropfen Bittermandelaroma

3 EL starker Espresso

50 g Zartbitterschokoladentropfen

25 g Rosinen

### Zum Bestreuen

3 EL brauner Zucker

1 EL Kakaopulver

1 TL gemahlener Piment

## Zubereitung

1 Den Backofen auf 180 °C vorheizen und zwei Muffinformen mit insgesamt 16 Papierbackförmchen auskleiden. Alle Zutaten zum Bestreuen in einer kleinen Schale mischen und beiseitestellen.

2 Mehl, Backpulver, Kakaopulver und Salz in eine große Schüssel sieben.

3 Butter und Zucker in einer zweiten Schüssel cremig rühren und das Ei einarbeiten. Milch, Bittermandelaroma und Espresso zugießen, dann Schokoladentropfen und Rosinen untermischen.

4 In die Mitte der trockenen Zutaten eine Vertiefung drücken und die Milchmischung hineingießen. Nur kurz vermischen, nicht zu intensiv rühren.

5 Den Teig in die vorbereiteten Formen füllen und mit der Kakaomischung bestreuen. 20 Minuten im vorgeheizten Ofen backen, bis er aufgegangen ist und sich fest anfühlt.

6 Die Muffins in der Form 5 Minuten abkühlen lassen, dann warm servieren oder aus der Form nehmen und auf einem Kuchengitter vollständig abkühlen lassen.

# Apfel-Streusel-Muffins

Ergibt 16 Stück     Vorbereitung: 25 Min.     Backzeit: 20 Min.
plus Abkühlzeit

## Zutaten

280 g Mehl

2½ TL Backpulver

½ TL Zimt

1 Prise Salz

120 g heller Rohrzucker

1 großer Kochapfel, geschält,
entkernt und fein gehackt

2 Eier

250 ml Milch

90 g Butter, zerlassen und abgekühlt

## Streusel

50 g Mehl

½ TL Zimt

40 g Butter

25 g heller Rohrzucker

## Zubereitung

1   Den Backofen auf 180 °C vorheizen und zwei Muffinformen mit insgesamt 16 Papierbackförmchen auskleiden.

2   Für die Streusel Mehl und Zimt in eine Schüssel sieben. Die Butter zugeben und alles mit den Fingern zu einer krümeligen Masse verarbeiten. Den Zucker untermischen und beiseitestellen.

3   Für den Muffinteig Mehl, Backpulver, Zimt und Salz in eine große Schüssel sieben. Den Zucker untermischen. Den Apfel zufügen und untermengen.

4   Die Eier mit Milch und zerlassener Butter in einem Rührbecher leicht verquirlen. In die Mitte der trockenen Zutaten eine Vertiefung drücken und die flüssigen Zutaten hineingießen. Nur kurz vermischen, nicht zu intensiv rühren.

5   Den Teig in die vorbereiteten Formen füllen und die Streusel darauf verteilen. Etwa 20 Minuten im vorgeheizten Ofen backen, bis der Teig aufgegangen und goldbraun ist und sich fest anfühlt.

6   Die Muffins in der Form 5 Minuten abkühlen lassen und warm servieren oder aus der Form nehmen und auf einem Kuchengitter vollständig abkühlen lassen.

# Heidelbeermuffins

Ergibt 16 Stück

Vorbereitung: 20 Min. plus Abkühlzeit

Backzeit: 20 Min.

## Zutaten

280 g Mehl

3 TL Backpulver

1 Prise Salz

120 g heller Rohrzucker

1 Tütchen Vanillezucker

150 g frische Heidelbeeren

2 Eier

250 ml Milch

90 ml Sonnenblumenöl oder 90 g Butter, zerlassen und abgekühlt

fein abgeriebene Schale von 1 Bio-Zitrone

## Zubereitung

1 Den Backofen auf 180 °C vorheizen und zwei Muffinformen mit insgesamt 16 Papierbackförmchen auskleiden.

2 Mehl, Backpulver und Salz in eine große Schüssel sieben. Zucker, Vanillezucker und Beeren unterheben.

3 Die Eier mit Milch, Öl und Zitronenschale in einem Rührbecher verquirlen. Eine Mulde in die Mitte der trockenen Zutaten drücken und die Eiermischung hineingießen. Die Zutaten zügig zu einem groben Teig mischen, nicht zu intensiv rühren.

4 Den Teig in die Formen füllen. Im vorgeheizten Ofen etwa 20 Minuten backen, bis er aufgegangen und goldbraun ist und sich fest anfühlt.

5 Die Muffins 5 Minuten in der Form abkühlen lassen. Entweder warm servieren oder auf ein Kuchengitter heben und vollständig abkühlen lassen.

# Rocky-Road-Muffins

Ergibt 16 Stück

Vorbereitung: 20 Min.
plus Abkühlzeit

Backzeit: 20 Min.

## Zutaten

220 g Mehl

50 g Kakaopulver

2½ TL Backpulver

1 Prise Salz

120 g Feinstzucker

100 g weiße Schokoladentropfen

50 g weiße Mini-Marshmallows,
halbiert

2 Eier

250 ml Milch

90 g Butter, zerlassen und abgekühlt

## Zubereitung

1   Den Backofen auf 180 °C vorheizen und zwei Muffinformen
    mit insgesamt 16 Papierbackförmchen auskleiden. Mehl, Kakao-
    pulver, Backpulver und Salz in eine große Schüssel sieben.
    Zucker, Schokoladentropfen und Marshmallows untermengen.

2   Die Eier mit Milch und zerlassener Butter in einer Schüssel leicht
    verquirlen. In die Mitte der trockenen Zutaten eine Vertiefung
    drücken und die Eiermischung hineingießen. Nur kurz vermi-
    schen, nicht zu intensiv rühren.

3   Den Teig in die vorbereiteten Formen füllen. Etwa 20 Minuten
    im vorgeheizten Ofen backen, bis er aufgegangen ist und sich
    fest anfühlt.

4   Die Muffins in der Form 5 Minuten abkühlen lassen und warm
    servieren oder aus der Form nehmen und auf einem Kuchen-
    gitter vollständig abkühlen lassen.

# Himbeer-Streusel-Muffins

Ergibt 16 Stück · Vorbereitung: 25 Min. plus Abkühlzeit · Backzeit: 20 Min.

## Zutaten

280 g Mehl

3 TL Backpulver

1 Prise Salz

120 g Feinstzucker

1 Tütchen Vanillezucker

2 Eier

250 g Naturjoghurt

80 g Butter, zerlassen

150 g frische Himbeeren oder Tiefkühlware, aufgetaut

### Streusel

50 g Mehl

40 g Butter

25 g Feinstzucker

## Zubereitung

1  Den Backofen auf 180 °C vorheizen und zwei Muffinformen mit insgesamt 16 Papierbackförmchen auskleiden.

2  Für die Streusel das Mehl in eine Schüssel sieben. Die Butter zufügen und mit den Fingerspitzen in das Mehl reiben, bis eine feinkrümelige Masse entsteht. Den Zucker einrühren und beiseitestellen.

3  Für den Muffinteig Mehl, Backpulver und Salz in eine große Schüssel sieben. Zucker und Vanillezucker unterrühren.

4  Die Eier mit Joghurt und zerlassener Butter in einer anderen Schüssel verquirlen. Eine Mulde in die Mehlmischung drücken, die Eiermischung hineingießen und die Himbeeren zugeben. Alles kurz zu einem groben Teig vermischen, nicht zu intensiv rühren.

5  Den Teig in die vorbereiteten Formen füllen. Die Streusel auf den Teigportionen verteilen und leicht andrücken. Im vorge-heizten Ofen 20 Minuten backen, bis die Muffins gut aufge-gangen und goldbraun sind und sich fest anfühlen.

6  Die Muffins in der Form 5 Minuten abkühlen lassen und warm servieren oder aus der Form nehmen und auf einem Kuchen-gitter vollständig abkühlen lassen.

# Pfirsich-Melba-Muffins

**Ergibt 16 Stück**  **Vorbereitung: 25 Min. plus Abkühlzeit**  **Backzeit: 20 Min.**

## Zutaten

280 g Mehl

3 TL Backpulver

120 g heller Rohrzucker

1 Ei (Größe L)

150 ml Milch

120 g Butter, zerlassen und abgekühlt

150 g frische Himbeeren

150 g Pfirsiche aus der Dose, abgetropft und gehackt

1 EL gemischte, gehackte Nüsse

1 EL brauner Zucker

## Zubereitung

1 Den Backofen auf 180 °C vorheizen und zwei Muffinformen mit insgesamt 16 Papierbackförmchen auskleiden. Mehl und Backpulver in eine große Schüssel sieben. Den Zucker untermengen.

2 Das Ei mit Milch und zerlassener Butter in einem Rührbecher verquirlen. In die Mitte der trockenen Zutaten eine Vertiefung drücken und die flüssigen Zutaten hineingießen. Nur kurz vermischen, nicht zu intensiv rühren. Dann Himbeeren und Pfirsiche vorsichtig unterheben, ohne sie zu zerquetschen.

3 Den Teig in die vorbereiteten Formen füllen. Nüsse und braunen Zucker mischen und über die Muffins streuen. 20 Minuten im vorgeheizten Ofen backen, bis sie aufgegangen und goldbraun sind und sich fest anfühlen.

4 Die Muffins in der Form 5 Minuten abkühlen lassen und warm servieren oder aus der Form nehmen und auf einem Kuchengitter vollständig abkühlen lassen.

# Gewürz-Schoko-Muffins

Ergibt 18 Stück

Vorbereitung: 20 Min.
plus Abkühlzeit

Backzeit: 25–30 Min.

## Zutaten

100 g weiche Butter

150 g Feinstzucker

120 g heller Rohrzucker

2 Eier (Größe L)

150 g Schmand

5 EL Milch

250 g Mehl

2½ TL Backpulver

2 EL Kakaopulver

1 TL gemahlener Piment

200 g Zartbitterschokoladentropfen

## Zubereitung

1 Den Backofen auf 180 °C vorheizen und zwei Muffinformen mit insgesamt 18 Papierbackförmchen auskleiden. Weiche Butter und beide Zuckersorten in einer Schüssel cremig rühren. Eier, Schmand und Milch sorgfältig einrühren.

2 Mehl, Backpulver, Kakaopulver und Piment in eine zweite Schüssel sieben. In die Mitte der trockenen Zutaten eine Vertiefung drücken, die Eimischung hineingießen und die Schokoladentropfen zugeben. Nur kurz vermischen, nicht zu intensiv rühren.

3 Den Teig in die vorbereiteten Formen füllen und 25–30 Minuten im vorgeheizten Ofen backen, bis er aufgegangen ist und sich fest anfühlt.

4 Die Muffins in der Form 5 Minuten abkühlen lassen und warm servieren oder aus der Form nehmen und auf einem Kuchengitter vollständig abkühlen lassen.

# Schokoladenmuffins

Ergibt 16 Stück

Vorbereitung: 20 Min.
plus Abkühlzeit

Backzeit: 20 Min.

## Zutaten

280 g Mehl

3 TL Backpulver

1 Prise Salz

120 g Feinstzucker

1 Tütchen Vanillezucker

175 g Vollmilchschokoladentropfen

2 Eier

250 ml Milch

90 ml Sonnenblumenöl oder
90 g Butter, zerlassen und abgekühlt

## Zubereitung

1 Den Backofen auf 180 °C vorheizen und zwei Muffinformen mit insgesamt 16 Papierbackförmchen auskleiden.

2 Mehl, Backpulver und Salz in eine große Schüssel sieben. Zucker, Vanillezucker und Schokoladentropfen untermischen. Die Eier mit Milch und Öl in einem Rührbecher verquirlen.

3 Eine Mulde in die Mitte der trockenen Zutaten drücken und die Eiermischung hineingießen. Die Zutaten kurz zu einem groben Teig mischen, nicht zu intensiv rühren.

4 Den Teig in Formen füllen. Im vorgeheizten Ofen etwa 20 Minuten backen, bis er aufgegangen und goldbraun ist und sich fest anfühlt. Die Muffins 5 Minuten in der Form abkühlen lassen und warm servieren oder auf ein Kuchengitter heben und vollständig abkühlen lassen.

# Marmormuffins

Ergibt 18 Stück

Vorbereitung: 20 Min. plus Abkühlzeit

Backzeit: 20 Min.

## Zutaten

280 g Mehl

3 TL Backpulver

1 Prise Salz

120 g Feinstzucker

1 Tütchen Vanillezucker

2 Eier

250 ml Milch

80 g Butter, zerlassen und abgekühlt

2 EL Kakaopulver

## Zubereitung

1 Den Backofen auf 180 °C vorheizen und zwei Muffinformen mit insgesamt 18 Papierbackförmchen auskleiden. Mehl, Backpulver und Salz in eine große Schüssel sieben. Zucker und Vanillezucker untermengen.

2 Die Eier mit Milch und zerlassener Butter in einem Rührbecher verquirlen. In die Mitte der trockenen Zutaten eine Vertiefung drücken und die flüssigen Zutaten hineingießen. Nur kurz vermischen, nicht zu intensiv rühren.

3 Den Teig auf zwei Schüsseln verteilen. In eine das Kakaopulver sieben und unterrühren. Mit zwei Teelöffeln abwechselnd braunen und weißen Teig in die Förmchen füllen.

4 Etwa 20 Minuten im vorgeheizten Ofen backen, bis er aufgegangen und goldbraun ist und sich fest anfühlt.

5 Die Muffins in der Form 5 Minuten abkühlen lassen und warm servieren oder aus der Form nehmen und auf einem Kuchengitter vollständig abkühlen lassen.

# Bananenmuffins mit Honig

Ergibt 16 Stück

Vorbereitung: 25 Min. plus Abkühlzeit

Backzeit: 20–25 Min.

## Zutaten

280 g Mehl

3 TL Backpulver

1 TL Zimt

1 Prise Salz

90 g heller Rohrzucker

1 Tütchen Vanillezucker

90 g Butter, zerlassen

125 ml Milch

2 EL flüssiger Honig, plus etwas mehr zum Bestreichen

2 Eier

2 vollreife Bananen, mit einer Gabel zerdrückt

getrocknete Bananenchips, zum Dekorieren

## Zubereitung

1 Den Backofen auf 180 °C vorheizen und zwei Muffinformen mit insgesamt 16 Papierbackförmchen auskleiden. Mehl, Backpulver, Zimt und Salz in eine große Schüssel sieben. Zucker und Vanillezucker untermischen.

2 Butter, Milch, Honig, Eier und Bananen in einer zweiten Schüssel verrühren. Über die trockenen Zutaten gießen und alles kurz zu einem groben Teig verrühren.

3 Den Teig in die Formen füllen und im vorgeheizten Ofen 20–25 Minuten backen, bis er gut aufgegangen ist und sich fest anfühlt. Mit Honig bestreichen und mit je einem Bananenchip dekorieren. Die Muffins 15 Minuten in der Form abkühlen lassen, dann auf ein Kuchengitter heben und vollständig abkühlen lassen. Schmeckt gut zum Frühstück.

4 Übrig gebliebene Muffins lassen sich bis zu 2 Monate einfrieren. Nach dem Auftauen kurz im Ofen aufwärmen.

# Chocolate-Chip-Muffins

Ergibt 18 Stück     Vorbereitung: 20 Min.     Backzeit: 20–25 Min.
plus Abkühlzeit

## Zutaten

300 g Mehl

3 TL Backpulver

90 g kalte Butter, gewürfelt

90 g Feinstzucker

1 Tütchen Vanillezucker

150 g Vollmilchschokolade,
grob gehackt

2 Eier (Größe L)

200 ml Buttermilch

## Zubereitung

1   Den Backofen auf 180 °C vorheizen und zwei Muffinformen mit insgesamt 18 Papierbackförmchen auskleiden.

2   Mehl und Backpulver in eine große Schüssel sieben. Die Butter zufügen und mit den Fingern ins Mehl reiben, bis eine fein-krümelige Masse entstanden ist. Zucker, Vanillezucker und Schokostückchen untermischen. Eine Vertiefung in die Mitte drücken.

3   Eier und Buttermilch verquirlen und in die Vertiefung gießen. Die Zutaten zu einem groben Teig verarbeiten, nicht zu intensiv rühren.

4   Den Teig in die vorbereiteten Formen füllen und im vorge-heizten Ofen 20–25 Minuten backen, bis er gut aufgegangen und goldbraun ist. Die Muffins 5 Minuten in der Form abkühlen lassen, dann herausheben und auf einem Kuchengitter voll-ständig abkühlen lassen.

# Rosinen-Kleie-Muffins

Ergibt 18 Stück  Vorbereitung: 20 Min. plus Abkühlzeit  Backzeit: 20 Min.

## Zutaten

140 g Mehl

3 TL Backpulver

140 g Weizenkleie

120 g Feinstzucker

1 Tütchen Vanillezucker

150 g Rosinen

2 Eier

250 ml Milch

6 EL Sonnenblumenöl

## Zubereitung

1 Den Backofen auf 180 °C vorheizen und zwei Muffinformen mit insgesamt 18 Papierbackförmchen auskleiden. Mehl und Backpulver in eine große Schüssel sieben. Kleie, Zucker, Vanillezucker und Rosinen untermischen und eine Vertiefung in die Mitte drücken.

2 Die Eier mit Milch und Öl in einem Rührbecher verquirlen. Die Eiermilch in die Vertiefung gießen und mit den trockenen Zutaten zu einem groben Teig verarbeiten, nicht zu intensiv rühren.

3 Den Teig in die vorbereiteten Formen füllen und im vorgeheizten Ofen etwa 20 Minuten backen, bis er gut aufgegangen und goldbraun ist.

4 Die Muffins 5 Minuten in der Form abkühlen lassen, dann herausheben und auf einem Kuchengitter vollständig abkühlen lassen.

# Glutenfreie Heidelbeer-Hafer-Muffins

Ergibt 18 Stück

Vorbereitung: 20 Min. plus Abkühlzeit

Backzeit: 20–25 Min.

## Zutaten

250 ml Orangensaft

60 g zarte Haferflocken

100 g Feinstzucker

200 g glutenfreies Mehl, gesiebt

½ TL Xanthan

2 TL glutenfreies Backpulver

½ TL Zimt

1 Msp. Lebkuchengewürz

125 ml Pflanzenöl

1 Ei, verquirlt

1 TL Glycerin

175 g frische Heidelbeeren

brauner Zucker, zum Bestreuen

## Zubereitung

1  Den Backofen auf 180 °C vorheizen und zwei Muffinformen mit insgesamt 18 Papierbackförmchen auskleiden.

2  Orangensaft und Haferflocken in einer Schüssel vermengen.

3  In einer weiteren Schüssel Zucker, Mehl, Xanthan, Backpulver und Gewürze vermengen. Öl, Ei und Glycerin zugeben und alles gut vermengen. Haferflockenmischung und Beeren zugeben und vorsichtig unterheben, ohne die Beeren zu zerdrücken.

4  Den Teig auf die Formen verteilen und mit braunem Zucker bestreuen.

5  20–25 Minuten backen, bis die Muffins gut aufgegangen und goldbraun sind und sich fest anfühlen. Auf einem Kuchengitter abkühlen lassen.

# Dunkle Sauerkirschmuffins

Ergibt 16 Stück

Vorbereitung: 25 Min. plus Abkühlzeit

Back- und Kochzeit: 25–30 Min.

## Zutaten

225 g Mehl

2 TL Backpulver

40 g Kakaopulver

120 g heller Rohrzucker

90 g kalte Butter, gewürfelt

2 Eier

175 ml Milch

50 g getrocknete Sauerkirschen

1 EL Zartbitterschokoladenflocken, zum Garnieren

## Glasur

50 g Zartbitterschokolade, in Stücke gebrochen

25 g Butter

## Zubereitung

1 Den Backofen auf 180 °C vorheizen und zwei Muffinformen mit insgesamt 16 Papierbackförmchen auskleiden. Mehl, Backpulver und Kakaopulver in eine große Schüssel sieben. Den Zucker untermischen, dann die Butter zufügen und alles mit einer Gabel vermengen.

2 Eier und Milch in einem Rührbecher verquirlen. In die Mitte der trockenen Zutaten eine Vertiefung drücken und die flüssigen Zutaten hineingießen. Nur kurz vermischen, nicht zu intensiv rühren. Zum Schluss die Sauerkirschen unterheben.

3 Den Teig in die vorbereiteten Formen füllen und 20–25 Minuten im vorgeheizten Ofen backen, bis er aufgegangen ist und sich fest anfühlt.

4 Die Muffins in der Form 5 Minuten abkühlen lassen. Aus der Form nehmen und auf einem Kuchengitter vollständig abkühlen lassen.

5 Für die Glasur Schokolade und Butter im Wasserbad schmelzen. 15 Minuten abkühlen lassen, dann auf die Muffins streichen und mit den Schokoladenflocken bestreuen.

# Kürbis-Pekannuss-Muffins

**Ergibt 18 Stück**

**Vorbereitung:** 20 Min. plus Abkühlzeit

**Backzeit:** 20–25 Min.

## Zutaten

175 g heller Rohrzucker

2 Eier

60 g Butter, zerlassen

250 g gegartes Kürbisfruchtfleisch, mit der Gabel zerdrückt

125 ml Buttermilch

250 g Mehl

2½ TL Backpulver

1 TL Zimt

1 TL Lebkuchengewürz

½ TL Salz

1 Msp. Nelkenpulver

50 g Pekannüsse, gehackt

80 g Rosinen

## Zubereitung

1   Den Backofen auf 200 °C vorheizen und drei 6er-Muffinformen mit Papierbackförmchen auskleiden. Zucker, Eier und Butter in einer großen Schüssel verrühren, bis sich der Zucker aufgelöst hat. Kürbis und Buttermilch zugeben und alles glatt rühren.

2   Mehl, Backpulver, Zimt, Lebkuchengewürz, Salz, Nelken, Pekannüsse und Rosinen in einer großen Schüssel vermengen. Eine Vertiefung in die Mitte drücken und die Eimischung hineingießen. Alles vermengen, aber nicht vollständig glattrühren.

3   Den Teig auf die Muffinformen verteilen und 20–25 Minuten backen, bis er gut aufgegangen ist und sich fest anfühlt.

4   Auf einem Kuchengitter abkühlen lassen.

# Haselnussmuffins
# mit weißer Schokolade

Ergibt 16 Stück

Vorbereitung: 25 Min.
plus Abkühlzeit

Back- und Kochzeit:
25–30 Min.

## Zutaten

200 g Mehl

2 TL Backpulver

50 g gemahlene Haselnüsse

120 g Feinstzucker

90 g kalte Butter, gewürfelt

1 Ei (Größe L)

175 ml Milch

150 g weiße Schokolade, gehackt

20 g gehackte Haselnüsse,
zum Bestreuen

## Zubereitung

1 Den Backofen auf 180 °C vorheizen und zwei Muffinformen mit insgesamt 16 Papierbackförmchen auskleiden. Mehl und Backpulver in eine große Schüssel sieben, gemahlene Haselnüsse und Zucker untermischen, dann die Butter mit einer Gabel einarbeiten.

2 Ei und Milch in einem Rührbecher verquirlen. In die Mitte der trockenen Zutaten eine Vertiefung drücken und die flüssigen Zutaten hineingießen. Nur kurz vermischen, nicht zu intensiv rühren. Die Hälfte der weißen Schokolade unterheben.

3 Den Teig in die vorbereiteten Formen füllen und 20–25 Minuten im vorgeheizten Ofen backen, bis er aufgegangen ist und sich fest anfühlt.

4 Die Muffins in der Form 5 Minuten abkühlen lassen. Aus der Form nehmen und auf einem Kuchengitter vollständig abkühlen lassen.

5 Die restliche Schokolade im Wasserbad unter ständigem Rühren schmelzen. Über die Muffins träufeln und mit den gehackten Haselnüssen bestreuen.

# Vegane Apfel-Himbeer-Muffins

Ergibt 12 Stück

Vorbereitung: 30 Min. plus Abkühlzeit

Back- undKochzeit: 40–45 Min.

## Zutaten

3 große Kochäpfel, geschält und entkernt; 2 Äpfel in dünne Scheiben geschnitten, 1 Apfel fein gehackt

1½ TL gemahlener Piment

300 g Weizenvollkornmehl

3 TL Backpulver

1 Prise Salz

3 EL Feinstzucker

80 g frische Himbeeren

## Zubereitung

1   Die Apfelscheiben und 6 Esslöffel Wasser in einem Topf aufkochen. Die Hitze reduzieren, ½ Teelöffel Piment zugeben und alles bei geschlossenem Deckel unter gelegentlichem Rühren 15–20 Minuten dünsten, bis das Wasser verdunstet ist. Vom Herd nehmen und abkühlen lassen. Die gekochten Äpfel pürieren und mit 300 ml Wasser verrühren.

2   Den Backofen auf 180 °C vorheizen und eine 12er-Muffinform mit Papierbackförmchen auskleiden – je nach Größe der Äpfel werden möglicherweise mehr gebraucht. Mehl, Backpulver, Salz und restlichen Piment in eine Schüssel sieben. Die Rückstände im Sieb wieder zufügen, dann den Zucker untermengen.

3   Den gehackten Apfel, Himbeeren und pürierte Äpfel zugeben. Nur kurz vermischen, nicht zu intensiv rühren.

4   Den Teig in die vorbereiteten Formen füllen und 25 Minuten im vorgeheizten Ofen backen, bis er aufgegangen und goldbraun ist und sich fest anfühlt.

5   Die Muffins in der Form 5 Minuten abkühlen lassen und warm servieren oder aus der Form nehmen und auf einem Kuchen-gitter vollständig abkühlen lassen.

# Schoko-Minz-Muffins

Ergibt 16 Stück

Vorbereitung: 20 Min. plus Abkühlzeit

Backzeit: 20 Min.

## Zutaten

280 g Mehl

3 TL Backpulver

1 Prise Salz

120 g Feinstzucker

150 g Zartbitterschokoladentropfen

2 Eier

250 ml Milch

100 g Butter, zerlassen und abgekühlt

5 Tropfen Pfefferminzaroma

grüne Lebensmittelfarbe (nach Belieben)

Puderzucker, zum Bestäuben

## Zubereitung

1 Den Backofen auf 180 °C vorheizen und zwei Muffinformen mit insgesamt 16 Papierbackförmchen auskleiden. Mehl, Backpulver und Salz in eine große Schüssel sieben. Zucker und Schokoladentropfen untermengen.

2 Die Eier mit Milch, zerlassener Butter und Pfefferminzaroma in einem Rührbecher verquirlen. Mit Lebensmittelfarbe, falls verwendet, grün einfärben. In die Mitte der trockenen Zutaten eine Vertiefung drücken und die flüssigen Zutaten hineingießen. Nur kurz vermischen, nicht zu intensiv rühren.

3 Den Teig in die vorbereiteten Formen füllen und 20 Minuten im vorgeheizten Ofen backen, bis er aufgegangen ist und sich fest anfühlt.

4 Die Muffins in der Form 5 Minuten abkühlen lassen und warm servieren oder aus der Form nehmen und auf einem Kuchengitter vollständig abkühlen lassen. Vor dem Servieren mit Puderzucker bestäuben.

# Rhabarbermuffins mit Ingwer

Ergibt 16 Stück     Vorbereitung: 25 Min.     Backzeit: 20–25 Min.
                    plus Abkühlzeit

## Zutaten

250 g Rhabarber, geputzt

200 g Mehl

2 TL Backpulver

120 g Feinstzucker

2 Eier

100 ml Milch

125 g Butter, zerlassen und abgekühlt

3 EL Rosinen

2 Ingwerpflaumen in Sirup, abgetropft und gehackt

## Zubereitung

1   Den Backofen auf 180 °C vorheizen und zwei Muffinformen mit insgesamt 16 Papierbackförmchen auskleiden. Den Rhabarber in 1 cm lange Stücke schneiden.

2   Mehl und Backpulver in eine große Schüssel sieben. Den Zucker untermengen. Die Eier mit Milch und zerlassener Butter in einem Rührbecher verquirlen. In die Mitte der trockenen Zutaten eine Vertiefung drücken, die flüssigen Zutaten hinein-gießen und Rhabarber, Rosinen sowie Ingwer zugeben. Nur kurz vermischen, nicht zu intensiv rühren.

3   Den Teig in die vorbereiteten Formen füllen und 20–25 Minu-ten im vorgeheizten Ofen backen, bis er aufgegangen und gold-braun ist und sich fest anfühlt.

4   Die Muffins in der Form 5 Minuten abkühlen lassen und warm servieren oder aus der Form nehmen und auf einem Kuchen-gitter vollständig abkühlen lassen.

# Muffins mit zweierlei Schokolade

Ergibt 18 Stück | Vorbereitung: 20 Min. plus Abkühlzeit | Backzeit: 20 Min.

## Zutaten

250 g Mehl

25 g Kakaopulver

2½ TL Backpulver

100 g Zartbitterschokoladentropfen

100 g weiße Schokoladentropfen

90 g heller Rohrzucker

2 Eier

300 g saure Sahne

90 g Butter, zerlassen und abgekühlt

## Zubereitung

1 Den Backofen auf 180 °C vorheizen und zwei Muffinformen mit insgesamt 18 Papierbackförmchen auskleiden. Mehl, Kakaopulver und Backpulver in eine große Schüssel sieben. Alle Schokoladentropfen und Zucker untermengen.

2 Die Eier mit saurer Sahne und zerlassener Butter in einem Rührbecher verquirlen. In die Mitte der trockenen Zutaten eine Vertiefung drücken und die flüssigen Zutaten hineingießen. Nur kurz vermischen, nicht zu intensiv rühren.

3 Den Teig in die vorbereiteten Formen füllen und 20 Minuten im vorgeheizten Ofen backen, bis er aufgegangen ist und sich fest anfühlt.

4 Die Muffins in der Form 5 Minuten abkühlen lassen und warm servieren oder aus der Form nehmen und auf einem Kuchengitter vollständig abkühlen lassen.

# Aprikosen-Macadamia-Muffins

**Ergibt 16 Stück**  **Vorbereitung: 25 Min. plus Abkühlzeit**  **Backzeit: 20–25 Min.**

## Zutaten

280 g Mehl

3 TL Backpulver

120 g heller Rohrzucker

80 g getrocknete Aprikosen, gehackt

60 g Macadamianüsse, gehackt

60 g weiße Schokolade, gehackt

2 Eier, verquirlt

200 ml Buttermilch

100 ml Sonnenblumenöl

## Zubereitung

1  Den Backofen auf 180 °C vorheizen und zwei Muffinformen mit insgesamt 16 Stücken zugeschnittenem Backpapier auskleiden.

2  Mehl und Backpulver in eine große Schüssel sieben. Zucker, Aprikosen, Nüsse und Schokolade untermischen.

3  Eier, Buttermilch und Öl in einem Rührbecher verquirlen, zu den Trockenzutaten gießen und alles zügig zu einem glatten Teig verarbeiten, nicht zu intensiv rühren.

4  Den Teig in die vorbereiteten Formen füllen und im vorgeheizten Ofen 20–25 Minuten backen, bis er aufgegangen ist und sich fest anfühlt.

5  Die Muffins in der Form 5 Minuten abkühlen lassen und warm servieren oder aus der Form nehmen und auf einem Kuchengitter vollständig abkühlen lassen.

# Glutenfreie Apfel-Zimt-Muffins

Ergibt 18 Stück       Vorbereitung: 20 Min.       Backzeit: 20–25 Min.
plus Abkühlzeit

## Zutaten

4 EL Pflanzenöl

1 EL Glycerin

175 g Apfelmus

2 Eier

½ Tütchen Vanillezucker

50 g flüssiger Honig

75 ml Milch

300 g glutenfreies Mehl

120 g glutenfreie Haferkleie

70 g Leinsamen

2 TL glutenfreies Backpulver

1 TL glutenfreies Backsoda

½ TL Xanthan

1 TL Zimt

1 Msp. Lebkuchengewürz

175 g heller Rohrzucker

125 g Rosinen und Sultaninen

## Zubereitung

1 Den Backofen auf 180 °C vorheizen und zwei Muffinformen mit insgesamt 18 Stücken zugeschnittenem Backpapier (eventuell mehr) auskleiden.

2 Öl, Glycerin, Apfelmus, Eier, Vanillezucker, Honig und Milch in einer großen Schüssel verquirlen. In einer weiteren Schüssel alle trockenen Zutaten sowie die Rosinen und Sultaninen mischen, dann die Eimasse dazugießen und alles gut verrühren.

3 Den Teig auf die Formen verteilen und 20–25 Minuten backen, bis er aufgegangen ist und sich fest anfühlt.

4 Warm servieren oder zum Abkühlen auf ein Kuchengitter geben.

# Schoko-Zimt-Muffins

Ergibt 16 Stück     Vorbereitung: 20 Min.     Backzeit: 20 Min.
plus Abkühlzeit

## Zutaten

220 g Mehl

50 g Kakaopulver

2½ TL Backpulver

½ TL Zimt

1 Prise Salz

120 g heller Rohrzucker

150 g Zartbitterschokoladentropfen

2 Eier

250 ml Milch

90 g Butter, zerlassen und abgekühlt

## Zubereitung

1   Den Backofen auf 180 °C vorheizen und zwei Muffinformen mit insgesamt 16 Papierbackförmchen auskleiden. Mehl, Kakaopulver, Backpulver, Zimt und Salz in eine große Schüssel sieben. Zucker und Schokoladentropfen untermengen.

2   Die Eier mit Milch und flüssiger Butter in einem Rührbecher leicht verquirlen. In die Mitte der trockenen Zutaten eine Vertiefung drücken und die flüssigen Zutaten hineingießen. Nur kurz vermischen, nicht zu intensiv rühren.

3   Den Teig in die vorbereitete Formen füllen und 20 Minuten im vorgeheizten Ofen backen, bis er aufgegangen ist und sich fest anfühlt.

4   Die Muffins in der Form 5 Minuten abkühlen lassen und warm servieren oder aus der Form nehmen und auf einem Kuchengitter vollständig abkühlen lassen.

## Variation

Wenn Sie ein pikanteres Aroma bevorzugen, probieren Sie statt Zimt eine Prise Chilipulver.

# DAS GEWISSE ETWAS

# Muffins Berliner Art

Ergibt 16 Stück

Vorbereitung: 25 Min.
plus Abkühlzeit

Back- und Kochzeit:
25 Min.

## Zutaten

280 g Mehl

3 TL Backpulver

1 Prise Salz

120 g Feinstzucker

1 Tütchen Vanillezucker

2 Eier

200 ml Milch

90 ml Sonnenblumenöl oder
90 g weiche Butter

4 EL Erdbeer- oder
Himbeerkonfitüre

### Zum Dekorieren

120 g Butter

150 g Zucker

## Zubereitung

1 Den Backofen auf 180 °C vorheizen und zwei Muffinformen mit insgesamt 16 Papierbackförmchen auskleiden.

2 Mehl, Backpulver und Salz in eine große Schüssel sieben. Zucker und Vanillezucker einrühren. Die Eier mit Milch und Öl verquirlen. Eine Vertiefung in die Mehlmischung drücken und die Eimischung hineingießen. Vermengen, aber nicht zu intensiv rühren.

3 Die Hälfte des Teigs auf die Formen verteilen. Dann jeweils ein wenig Konfitüre hineingeben, dann den restlichen Teig darauf verteilen. Etwa 20 Minuten backen, bis der Teig gut aufgegangen und goldbraun ist.

4 Unterdessen zum Dekorieren die Butter zerlassen. Den Zucker in einer flachen Schale verteilen. Die fertigen Muffins 5 Minuten in der Form abkühlen lassen, dann mit der Oberseite in die Butter tauchen und im Zucker wenden. Warm servieren oder zum Abkühlen auf ein Kuchengitter geben.

### Variation
Für kleine fruchtigere Variante die Marmelade durch Apfelmus ersetzen.

# Irish-Coffee-Cupcakes

Ergibt 12 Stück

Vorbereitung: 25 Min.
plus Kühlzeit

Backzeit: 20 Min.

## Zutaten

280 g Mehl

1 EL Backpulver

1 Prise Salz

90 g Butter

50 g Rohrzucker

1 Ei (Größe L), verquirlt

125 g Sahne

5 Tropfen Bittermandelaroma

2 EL starker Espresso

2 EL Kaffeelikör

4 EL Whisky

steif geschlagene Sahne und
Kakaopulver, zum Dekorieren

## Zubereitung

1   Den Backofen auf 180 °C vorheizen und eine 12er-Muffinform mit Papierbackförmchen auslegen. Mehl, Backpulver und Salz in eine große Schüssel sieben und eine Vertiefung in die Mitte drücken.

2   In einer zweiten Schüssel Butter und Zucker hell und cremig rühren, dann das Ei einarbeiten. Sahne, Bittermandelaroma, Espresso, Likör und Whisky unterrühren. Die Mischung in die Vertiefung der trockenen Zutaten gießen und alles zu einem groben Teig verarbeiten, nicht zu intensiv rühren.

3   Den Teig in die vorbereiteten Förmchen füllen und 20 Minuten backen, bis er gut aufgegangen und goldbraun ist und sich fest anfühlt.

4   Die Muffins 5 Minuten in der Form abkühlen lassen, dann herausheben und auf einem Kuchengitter vollständig abkühlen lassen. Steif geschlagene Sahne mit einem Spritzbeutel und Sterntülle auf die Muffins spritzen und mit Kakaopulver bestäuben. Die Cupcakes bis zum Servieren im Kühlschrank aufbewahren.

# Beschwipste Kirschmuffins

Ergibt 12 Stück          Vorbereitung: 20 Min.          Backzeit: 20–25 Min.
plus Abkühlzeit

## Zutaten

225 g Mehl

2 TL Backpulver

1 Prise Salz

40 g Butter

2 EL Feinstzucker

1 Ei, verquirlt

200 ml Milch

2 TL Kirschlikör

300 g abgetropfte Kirschen
aus dem Glas, gehackt

## Zubereitung

1 Den Backofen auf 180 °C vorheizen und eine 12er-Muffinform mit Papierbackförmchen auskleiden. Mehl, Backpulver und Salz in eine große Schüssel sieben.

2 Butter und Zucker in einer zweiten Schüssel cremig rühren. Ei, Milch und Likör zugeben und alles verrühren. Die Kirschen untermengen. In die Mitte der trockenen Zutaten eine Vertiefung drücken und die Kirschmischung hineingießen. Nur kurz vermischen, nicht zu intensiv rühren.

3 Den Teig in die vorbereiteten Formen füllen. 20–25 Minuten im vorgeheizten Ofen backen, bis er aufgegangen und goldbraun ist und sich fest anfühlt.

4 Die Muffins in der Form 5 Minuten abkühlen lassen und warm servieren oder aus der Form nehmen und auf einem Kuchengitter vollständig abkühlen lassen.

# Vegane Mango-Kokos-Muffins

Ergibt 16 Stück | Vorbereitung: 25 Min. plus Abkühlzeit | Backzeit: 25–30 Min.

## Zutaten

250 g Mehl

2½ TL Backpulver

1 EL Leinsamenmehl

60 g Kokosraspel, plus 2 EL mehr zum Bestreuen

125 g Zucker

9 grüne Kardamomkapseln

175 ml Sojamilch

5 EL Rapsöl

250 g Mangofruchtfleisch, gehackt

## Zubereitung

1 Den Backofen auf 190 °C vorheizen und zwei Muffinformen mit insgesamt 16 Papierbackförmchen auskleiden.

2 Mehl und Backpulver in eine große Schüssel sieben. Leinsamenmehl, Kokosraspel und Zucker untermischen.

3 Die Kardamomkapseln zerstoßen und die Kerne herauslösen. Die Kapseln wegwerfen und die Kerne in einem Mörser fein mahlen und zu den Trockenzutaten in die Schüssel geben.

4 Sojamilch und Öl in einer kleinen Schüssel verquirlen und mit den Mangostücken in die Mehlmischung geben. Alles zu einem Teig vermischen.

5 Den Teig auf die Förmchen verteilen. Mit Kokosraspeln bestreuen und 25–30 Minuten im vorgeheizten Ofen backen, bis er aufgegangen und goldbraun ist. Aus dem Ofen nehmen, 5 Minuten abkühlen lassen und aus der Form lösen. An einem kühlen Ort oder im Kühlschrank sind die Muffins 2–3 Tage haltbar.

# Cranberry-Parmesan-Muffins

**Ergibt 12 Stück**

**Vorbereitung: 20 Min.** plus Abkühlzeit

**Backzeit: 25 Min.**

## Zutaten

225 g Mehl

2 TL Backpulver

1 Prise Salz

50 g Feinstzucker

2 Eier (Größe L)

175 ml Milch

50 g Butter, zerlassen und abgekühlt

120 g frische Cranberrys

25 g frisch geriebener Parmesan, zum Bestreuen

## Zubereitung

1   Den Backofen auf 180 °C vorheizen und eine 12er-Muffinform mit Papierbackförmchen auskleiden. Mehl, Backpulver und Salz in eine große Schüssel sieben. Den Zucker untermengen.

2   Die Eier mit Milch und zerlassener Butter in einem Rührbecher verquirlen. In die Mitte der trockenen Zutaten eine Vertiefung drücken, die flüssigen Zutaten hineingießen und die Cranberrys zugeben. Nur kurz vermischen, nicht zu intensiv rühren.

3   Den Teig in die vorbereiteten Formen füllen. 20 Minuten im vorgeheizten Ofen backen, bis er aufgegangen und goldbraun ist und sich fest anfühlt. Den Parmesan darüberstreuen und weitere 3–5 Minuten überbacken.

4   Die Muffins in der Form 5 Minuten abkühlen lassen und warm servieren oder aus der Form nehmen und auf einem Kuchengitter vollständig abkühlen lassen.

# Brownie-Muffins mit Pekannüssen

Ergibt 12 Stück

Vorbereitung: 25 Min. plus Abkühlzeit

Koch- und Backzeit: 25–30 Min.

## Zutaten

120 g Pekannüsse

100 g Mehl

175 g Feinstzucker

1 Tütchen Vanillezucker

1 Prise Salz

2 TL Backpulver

225 g Butter

120 g Zartbitterschokolade, in Stücke gebrochen

4 Eier, leicht verquirlt

## Zubereitung

1 Den Backofen auf 180 °C vorheizen und eine 12er-Muffinform mit Papierbackförmchen auskleiden. 12 schöne Pekannuss-hälften beiseitelegen, den Rest grob hacken.

2 Mehl, Zucker, Vanillezucker, Salz und Backpulver in eine große Schüssel sieben. Butter und Schokolade im Wasserbad schmelzen. In die Mitte der trockenen Zutaten eine Vertiefung drücken, die Schokoladenmischung hineingießen und alles vermischen.

3 Eier zufügen. Nur kurz vermischen, nicht zu intensiv rühren. Dann die gehackten Pekannüsse untermengen.

4 Den Teig in die vorbereiteten Formen füllen und 20–25 Minuten im vorgeheizten Ofen backen, bis er aufgegangen ist und sich fest anfühlt.

5 Die Muffins in der Form 5 Minuten abkühlen lassen und warm servieren oder aus der Form nehmen und auf einem Kuchengitter vollständig abkühlen lassen.

# Mini-Muffins mit Toffee-Sauce

Ergibt 40 Minis

Vorbereitung: 25 Min. plus Abkühlzeit

Koch- und Backzeit: 30–40 Min.

## Zutaten

200 g Datteln, gehackt

1 TL Natron

50 g Butter

175 g Mehl

2 TL Backpulver

150 g Feinstzucker

1 Tütchen Vanillezucker

2 Eier, verquirlt

## Sauce

150 g Sahne

1 EL heller Sirup

70 g heller Rohrzucker

50 g Butter

## Zubereitung

1 Den Backofen auf 180 °C vorheizen und 40 Mulden einer oder mehrerer Mini-Muffinformen mit Papierbackförmchen auskleiden.

2 Datteln und 200 ml Wasser in einem Topf zum Kochen bringen. Die Datteln bei geringer Hitze 10 Minuten köcheln, bis sie weich sind. Natron und Butter zufügen und rühren, bis die Butter zerlassen ist. Die Dattelmischung leicht abkühlen lassen, dann in einer Küchenmaschine oder im Mixer grob pürieren.

3 Mehl und Backpulver in eine große Schüssel sieben. Zucker und Vanillezucker untermengen. In die Mitte der trockenen Zutaten eine Vertiefung drücken und Eier sowie Dattelpüree hineingeben. Nur kurz vermischen, nicht zu intensiv rühren.

4 Den Teig in die vorbereiteten Formen füllen und 12–15 Minuten im vorgeheizten Ofen backen, bis er aufgegangen ist und sich fest anfühlt.

5 Für die Sauce alle Zutaten in einem kleinen Topf unter ständigem Rühren zum Kochen bringen. Die Hitze reduzieren und die Sauce 10 Minuten köcheln, bis sie eingedickt ist und glänzt. Vom Herd nehmen und leicht abkühlen lassen. Die Muffins in der Form 5 Minuten abkühlen lassen, dann warm mit der Sauce servieren.

# Glutenfreie Schoko-Creme-Muffins

**Ergibt 18 Stück**

**Vorbereitung: 30 Min. plus Abkühlzeit**

**Back- und Kochzeit: 25–30 Min.**

## Zutaten

50 g glutenfreie Zartbitterschokolade, gehackt

175 g Butter

175 g Feinstzucker

½ Tütchen Vanillezucker

3 Eier

½ TL Glycerin

175 g glutenfreies Mehl

2 TL glutenfreies Backpulver

1 TL Xanthan

40 g gemahlene Mandeln

## Creme

90 g glutenfreie Schokolade, zerkrümelt

120 g Butter

450 g glutenfreier Puderzucker

½ Tütchen Vanillezucker

190 ml Milch

## Zubereitung

1 Den Backofen auf 180 °C vorheizen und zwei Muffinformen mit insgesamt 18 Papierbackförmchen auskleiden.

2 Die Schokolade im Wasserbad unter Rühren schmelzen und wieder etwas abkühlen lassen. In einer zweiten Schüssel Butter, Zucker und Vanillezucker verquirlen, dann die Eier nach und nach einrühren. Glycerin und geschmolzene Schokolade zur Eimischung geben.

3 Mehl, Backpulver und Xanthan in eine Schüssel sieben und die Mandeln zugeben. Die Eimischung zu den trockenen Zutaten geben und untermengen, nicht zu intensiv rühren.

4 Den Teig auf die Formen verteilen und 15–20 Minuten backen, bis er gut aufgegangen ist und sich fest anfühlt. Auf einem Kuchengitter abkühlen lassen.

5 Für die Creme die Schokolade mit der Butter im Wasserbad unter Rühren schmelzen. Puderzucker, Vanillezucker und die Hälfte der Milch in einer weiteren Schüssel vermengen und langsam die Schokolade einrühren. Nur so viel von der verbliebenen Milch einrühren, bis die gewünschte Konsistenz erreicht ist. Die Creme in einen Spritzbeutel füllen und in Rosetten auf die komplett abgekühlten Muffins spritzen.

# Pistazien-Limetten-Muffins

Ergibt 16 Stück | Vorbereitung: 20 Min. plus Abkühlzeit | Backzeit: 20–25 Min.

## Zutaten

225 g Mehl

2½ TL Backpulver

120 g kalte Butter, gewürfelt

150 g Feinstzucker

fein abgeriebene Schale und Saft von 1 Bio-Limette

50 g ungesalzene Pistazien, gehackt

2 Eier

100 ml Buttermilch

## Zubereitung

1   Den Backofen auf 180 °C vorheizen und zwei Muffinformen mit insgesamt 16 Papierbackförmchen auskleiden.

2   Mehl und Backpulver in eine große Schüssel sieben. Die Butter zufügen und alles mit den Fingern zu einer krümeligen Masse verarbeiten. Zucker, Limettenschale und fast alle Pistazien unterrühren.

3   Die Eier in einem Rührbecher mit Buttermilch und Limettensaft verquirlen. In die Mitte der trockenen Zutaten eine Vertiefung drücken und die flüssigen Zutaten hineingießen. Nur kurz vermischen, nicht zu intensiv rühren.

4   Den Teig in die vorbereiteten Formen füllen und mit den restlichen Pistazien bestreuen. 20–25 Minuten im vorgeheizten Ofen backen, bis er aufgegangen und goldbraun ist und sich fest anfühlt.

5   Die Muffins in der Form 5 Minuten abkühlen lassen und warm servieren oder aus der Form nehmen und auf einem Kuchengitter vollständig abkühlen lassen.

# Marshmallow-Mini-Muffins

Ergibt 48 Minis     Vorbereitung: 25 Min. plus Abkühlzeit     Backzeit: 12–15 Min.

## Zutaten

200 g Mehl

2 TL Backpulver

90 g heller Rohrzucker

½ Tütchen Vanillezucker

100 g getrocknete Cranberrys

25 g Mini-Marshmallows

fein abgeriebene Schale von ½ kleinen Bio-Zitrone

1 EL Zitronensaft

1 Ei

100 ml Milch

3 EL Sonnenblumenöl

## Zubereitung

1 Den Backofen auf 180 °C vorheizen und vier 12er-Mini-Muffinformen mit Papierbackförmchen auskleiden.

2 Mehl, Backpulver und Rohrzucker in eine Schüssel sieben. Vanillezucker, Cranberrys und Marshmallows untermischen.

3 Zitronenschale und -saft, Ei, Milch und Öl in einer Schüssel verquirlen. Eine Vertiefung in die Mehlmischung drücken und die Eimasse hineingießen. Alles vorsichtig vermengen, nicht zu intensiv rühren.

4 Den Teig auf die Förmchen verteilen und 12–15 Minuten backen, bis er gut aufgegangen ist und sich fest anfühlt. Auf einem Kuchengitter abkühlen lassen.

# Schokoladige Dessertmuffins

Ergibt 16 Stück

Vorbereitung: 25 Min.
plus Abkühlzeit

Back- und Kochzeit:
25 Min.

## Zutaten

225 g Mehl

50 g Kakaopulver

1 EL Backpulver

1 Prise Salz

120 g heller Rohrzucker

2 Eier

250 g Sahne

80 g Butter, zerlassen und abgekühlt

80 g Zartbitterschokolade,
in Stücke gebrochen

## Sauce

200 g Zartbitterschokolade,
in Stücke gebrochen

25 g Butter

50 g Sahne

## Zubereitung

1 Den Backofen auf 180 °C vorheizen und zwei Muffinformen mit insgesamt 16 (eventuell mehr) Papierbackförmchen auskleiden. Mehl, Kakaopulver, Backpulver und Salz in eine große Schüssel sieben. Den Zucker untermengen.

2 Die Eier mit Sahne und zerlassener Butter in einem Rührbecher verquirlen. In die Mitte der trockenen Zutaten eine Vertiefung drücken und die flüssigen Zutaten hineingießen. Nur kurz vermischen, nicht zu intensiv rühren.

3 Die Schokolade in 16 gleich große Portionen teilen. Die Hälfte des Teigs in die vorbereiteten Formen füllen. In jede Vertiefung eine Schokoladenportion geben, dann den restlichen Teig einfüllen. 20 Minuten im vorgeheizten Ofen backen, bis der Teig aufgegangen ist und sich fest anfühlt.

4 Inzwischen für die Sauce die Schokolade mit der Butter unter Rühren im Wasserbad schmelzen. Glatt rühren, dann die Sahne einrühren. Vom Herd nehmen und nochmals gut durchrühren.

5 Die Muffins 5 Minuten in der Form abkühlen lassen, dann warm auf Serviertellern anrichten und mit Sauce übergießen.

# Dessertmuffins mit Kaffeelikör

**Ergibt 12 Stück**     **Vorbereitung: 20 Min.** plus Abkühlzeit     **Backzeit: 20 Min.**

## Zutaten

2 EL löslicher Kaffee

280 g Mehl

3 TL Backpulver

1 Prise Salz

120 g heller Rohrzucker

2 Eier

100 ml Milch

90 g Butter, zerlassen

6 EL Kaffeelikör

40 g brauner Zucker

## Zubereitung

1 Den Backofen auf 180 °C vorheizen und eine 12er-Muffinform mit Papierbackförmchen auskleiden. Den Kaffee mit 2 Esslöffeln kochendem Wasser in einer Tasse zu einer Paste verrühren. Abkühlen lassen.

2 Mehl, Backpulver und Salz in eine große Schüssel sieben. Den Zucker untermengen.

3 Die Eier mit Milch, zerlassener Butter, der Kaffeepaste und Likör in einem Rührbecher verquirlen. In die Mitte der trockenen Zutaten eine Vertiefung drücken und die flüssigen Zutaten hineingießen. Nur kurz vermischen, nicht zu intensiv rühren.

4 Den Teig in die vorbereiteten Formen füllen und mit dem braunen Zucker bestreuen. 20 Minuten im vorgeheizten Ofen backen, bis der Teig aufgegangen und goldbraun ist und sich fest anfühlt.

5 Die Muffins in der Form 5 Minuten abkühlen lassen und warm servieren oder aus der Form nehmen und auf einem Kuchengitter vollständig abkühlen lassen.

# Erdbeertörtchen

**Ergibt 12 Stück**

**Vorbereitung:** 30 Min. plus Abkühlzeit

**Backzeit:** 20–25 Min.

## Zutaten

225 g Mehl

2½ TL Backpulver

140 g heller Rohrzucker

2 Eier (Größe L)

100 ml Milch

140 g Butter, zerlassen

12 TL Erdbeerkonfitüre

6 Erdbeeren, halbiert, zum Dekorieren

## Creme

50 g weiche Butter

90 g Puderzucker

½ Tütchen Vanillezucker

1–2 TL Milch

## Zubereitung

1  Den Backofen auf 180 °C vorheizen und eine 12er-Muffinform mit Papierbackförmchen auskleiden.

2  Mehl und Backpulver in eine große Schüssel sieben. Den Zucker untermengen. Die Eier mit Milch und zerlassener Butter in einem Rührbecher verquirlen. In die Mitte der trockenen Zutaten eine Vertiefung drücken und die flüssigen Zutaten hineingießen. Nur kurz vermischen, nicht zu intensiv rühren.

3  Die Hälfte des Teigs in die vorbereitete Form füllen. In jede Vertiefung 1 Teelöffel Konfitüre geben, dann den restlichen Teig einfüllen.

4  Den Teig 20–25 Minuten im vorgeheizten Ofen backen, bis er aufgegangen und goldbraun ist und sich fest anfühlt. In der Form 5 Minuten abkühlen lassen. Aus der Form nehmen und auf einem Kuchengitter vollständig abkühlen lassen.

5  Für die Creme Butter, Puderzucker und Vanillezucker in einer kleinen Schüssel glatt und cremig rühren. Nur so viel Milch zugeben, bis die gewünschte Konsistenz erreicht ist.

6  Je einen Klecks Creme auf die Muffins geben und mit einer Erdbeerhälfte dekorieren.

# Valentinsmuffins

Ergibt 12 Stück

Vorbereitung: 40 Min. plus Abkühl- und Trockenzeit

Back- und Kochzeit: 25 Min.

## Zutaten

Puderzucker, zum Bestäuben der Arbeitsfläche

70 g Marzipanrohmasse, mit Lebensmittelfarbe rot eingefärbt

225 g Mehl

50 g Kakaopulver

3 TL Backpulver

1 Prise Salz

120 g heller Rohrzucker

2 Eier

250 ml Buttermilch

90 g Butter, zerlassen, plus etwas mehr zum Einfetten

## Creme

60 g Zartbitterschokolade

120 g weiche Butter

220 g Puderzucker

## Zubereitung

1 Für die Marzipanherzen die Arbeitsfläche mit Puderzucker bestäuben, die eingefärbte Marzipanrohmasse darauf 5 mm dick ausrollen und mit einer Plätzchenform 12 Herzen ausstechen. Ein Backblech mit Backpapier auslegen, die Herzen darauflegen und mindestens 3–4 Stunden trocknen lassen.

2 Den Backofen auf 180 °C vorheizen und eine 12er-Muffinform mit herzförmigen Vertiefungen einfetten. Mehl, Kakaopulver, Backpulver und Salz in eine große Schüssel sieben. Den Zucker untermengen.

3 Die Eier mit Buttermilch und zerlassener Butter in einer Schüssel verquirlen. In die Mitte der trockenen Zutaten eine Vertiefung drücken und die flüssigen Zutaten hineingießen. Nur kurz vermischen, nicht zu intensiv rühren. Den Teig in die vorbereiteten Formen füllen und 20 Minuten im vorgeheizten Ofen backen, bis er aufgegangen ist und sich fest anfühlt. Die Muffins in der Form 5 Minuten abkühlen lassen. Aus der Form nehmen und auf einem Kuchengitter vollständig abkühlen lassen.

4 Für die Creme die Schokolade im Wasserbad unter Rühren schmelzen. Vom Herd nehmen. Die Butter in einer großen Schüssel schaumig schlagen, den Puderzucker darübersieben und unterrühren. Die geschmolzene Schokolade zugeben und alles nochmals aufschlagen. Die Muffins mit der Creme bestreichen und mit den Marzipanherzen dekorieren.

# Lavendelmuffins

**Ergibt 18 Stück**

**Vorbereitung:** 30 Min. plus Abkühlzeit

**Backzeit:** 20 Min.

## Zutaten

280 g Mehl

3 TL Backpulver

1 Prise Salz

120 g Feinstzucker

2 Eier

250 ml Buttermilch

90 g Butter, zerlassen und abgekühlt

fein abgeriebene Schale von 1 Bio-Zitrone

12 essbare Blüten, vorzugsweise Lavendel, alternativ Kapuzinerkresse, Veilchen oder Rosenblätter, zum Dekorieren

### Creme

80 g weiche Butter

175 g Puderzucker

## Zubereitung

1 Den Backofen auf 180 °C vorheizen und zwei Muffinformen mit insgesamt 18 Papierbackförmchen auskleiden.

2 Mehl, Backpulver und Salz in eine große Schüssel sieben. Den Zucker untermengen.

3 Die Eier mit Buttermilch, zerlassener Butter und Zitronenschale in einem Rührbecher verquirlen. In die Mitte der trockenen Zutaten eine Vertiefung drücken und die flüssigen Zutaten hineingießen. Nur kurz vermischen, nicht zu intensiv rühren.

4 Den Teig in die vorbereiteten Formen füllen und 20 Minuten im vorgeheizten Ofen backen, bis er aufgegangen und goldbraun ist und sich fest anfühlt.

5 Die Muffins in der Form 5 Minuten abkühlen lassen. Aus der Form nehmen und auf einem Kuchengitter vollständig abkühlen lassen. Die Blüten sorgfältig waschen und auf Küchenpapier abtropfen lassen.

6 Für die Creme die Butter in einer großen Schüssel schaumig rühren, den Puderzucker darübersieben und nochmals aufschlagen. Die Creme in einen Spritzbeutel mit großer Sterntülle geben und in Rosetten auf die abgekühlten Muffins spritzen. Kurz vor dem Servieren mit den Blüten dekorieren.

# Marzipanmuffins

Ergibt 18 Stück        Vorbereitung: 25 Min.        Backzeit: 20–25 Min.
plus Abkühlzeit

## Zutaten

180 g Marzipanrohmasse

280 g Mehl

1 EL Backpulver

1 Prise Salz

120 g Feinstzucker

2 Eier

200 ml Milch

80 g Butter, zerlassen und abgekühlt

5 Tropfen Bittermandelaroma

18 abgezogene Mandeln

## Zubereitung

1 Den Backofen auf 180 °C vorheizen und zwei Muffinformen mit insgesamt 18 Papierbackförmchen auskleiden. Die Marzipanrohmasse in 18 gleich große Portionen schneiden. Jede zu einer Kugel rollen, dann mit dem Handballen flach drücken. Die Scheiben sollen etwas kleiner als der Durchmesser der Muffinmulden sein.

2 Mehl, Backpulver und Salz in eine große Schüssel sieben. Den Zucker untermengen.

3 Die Eier mit Milch, zerlassener Butter und Bittermandelaroma in einem Rührbecher verquirlen. In die Mitte der trockenen Zutaten eine Vertiefung drücken und die flüssigen Zutaten hineingießen. Nur kurz vermischen, nicht zu intensiv rühren.

4 Die Hälfte des Teigs in die vorbereiteten Formen füllen. Darauf je eine Marzipanscheibe legen, dann den restlichen Teig einfüllen. Auf jeden Muffin eine Mandel legen. 20–25 Minuten im vorgeheizten Ofen backen, bis der Teig aufgegangen und goldbraun ist und sich fest anfühlt.

5 Die Muffins in der Form 5 Minuten abkühlen lassen und warm servieren oder aus der Form nehmen und auf einem Kuchengitter vollständig abkühlen lassen.

## Variation

Für Erdbeer-Amaretto-Muffins zusätzlich 1 Esslöffel Amaretto und 100 g gehackte Erdbeeren in den Teig rühren.

# Müslimuffins

Ergibt 20 Stück

Vorbereitung: 20 Min.
plus Abkühlzeit

Backzeit: 20 Min.

## Zutaten

140 g Mehl

1 EL Backpulver

280 g ungesüßtes Müsli

120 g heller Rohrzucker

2 Eier

250 ml Buttermilch

6 EL Sonnenblumenöl

## Zubereitung

1 Den Backofen auf 180 °C vorheizen und zwei Muffinformen mit insgesamt 20 Papierbackförmchen auskleiden.

2 Mehl und Backpulver in eine große Schüssel sieben. Müsli und Zucker untermischen.

3 Die Eier mit Buttermilch und Öl in einem Rührbecher verquirlen. Eine Mulde in die Mitte der trockenen Zutaten drücken und die flüssigen Zutaten hineingießen. Nur kurz vermischen, nicht zu intensiv rühren.

4 Den Teig in die Förmchen füllen und im vorgeheizten Ofen 20 Minuten backen, bis er aufgegangen und goldbraun ist und sich fest anfühlt. Die Muffins 5 Minuten in der Form abkühlen lassen. Entweder warm servieren oder auf einem Kuchengitter vollständig abkühlen lassen.

# Fettarme Bananen-Dattel-Muffins

Ergibt 12 Stück | Vorbereitung: 20 Min. plus Abkühlzeit | Backzeit: 20–25 Min.

## Zutaten

220 g Mehl

2½ TL Backpulver

1 Prise Salz

½ TL Lebkuchengewürz

5 EL Feinstzucker

2 Eiweiß

2 vollreife Bananen, in Scheiben geschnitten

75 g Datteln, gehackt

4 EL Milch

5 EL Ahornsirup

## Zubereitung

1   Den Backofen auf 180 °C vorheizen und eine 12er-Muffinform mit Papierbackförmchen auskleiden.

2   Mehl, Backpulver, Salz und Lebkuchengewürz in eine große Schüssel sieben. Den Zucker hinzugeben und verrühren.

3   Das Eiweiß in einer zweiten Schüssel verquirlen. In einer weiteren Schüssel die Bananen zerdrücken, dann zum Eiweiß geben. Datteln, Milch und Ahornsirup zugeben und verrühren. Eine Mulde in die Mehlmischung drücken. Die Fruchtmischung hineingeben und nur kurz vermischen, nicht zu intensiv rühren.

4   Den Teig in vorbereiteten Formen füllen und 20–25 Minuten backen, bis er aufgegangen und goldbraun ist und sich fest anfühlt.

5   Die Muffins 5 Minuten in der From abkühlen lassen, dann warm servieren oder auf einem Kuchengitter vollständig abkühlen lassen.

3

3

4

# Blaubeermuffins ohne Zucker

Ergibt 12 Stück

Vorbereitung: 20 Min. plus Abkühlzeit

Backzeit: 20 Min.

## Zutaten

225 g Mehl

2½ TL Backpulver

1 EL Kakaopulver

½ TL Lebkuchengewürz

2 Eier

4 EL Pflanzenöl

175 ml Orangensaft

abgeriebene Schale von 1 Bio-Orange

100 g frische Blaubeeren

## Zubereitung

1   Den Backofen auf 180 °C vorheizen und eine 12er-Muffinform mit Papierbackförmchen auskleiden. Mehl, Backpulver, Kakaopulver und Lebkuchengewürz in eine große Schüssel sieben.

2   Die Eier mit dem Pflanzenöl in einem Rührbecher verquirlen. Orangensaft und -schale sowie Blaubeeren zugeben und vorsichtig verrühren. In die Mitte der trockenen Zutaten eine Vertiefung drücken und die Fruchtmischung hineingießen. Nur kurz vermischen, nicht zu intensiv rühren.

3   Den Teig in die vorbereiteten Formen füllen und 20 Minuten im vorgeheizten Ofen backen, bis er aufgegangen ist und sich fest anfühlt.

4   Die Muffins in der Form 5 Minuten abkühlen lassen und warm servieren oder aus der Form nehmen und auf einem Kuchengitter vollständig abkühlen lassen.

# Nektarinen-Bananen-Muffins

Ergibt 12 Stück     Vorbereitung: 25 Min.     Backzeit: 20 Min.
plus Abkühlzeit

## Zutaten

250 g Mehl

2½ TL Backpulver

1 Prise Salz

1 Msp. Piment

100 g Feinstzucker

50 g gehackte Mandeln

175 g vollreife Nektarinen, geschält,
entsteint und in Stücke geschnitten

1 vollreife Banane

2 Eier (Größe L)

75 ml Sonnenblumen- oder Nussöl

75 g Naturjoghurt oder
Joghurt mit Bananengeschmack

5 Tropfen Bittermandelaroma

## Zubereitung

1   Den Backofen auf 180 °C vorheizen und eine 12er-Muffinform mit Papierbackförmchen auskleiden. Mehl, Backpulver, Salz und Piment in eine große Schüssel sieben, dann Zucker und Mandeln einrühren.

2   In einer zweiten großen Schüssel Nektarinen und Banane mit einer Gabel zerdrücken, dann Eier, Öl, Joghurt und Bittermandelaroma einrühren. Eine Mulde in die Mitte der trockenen Zutaten drücken und die flüssigen Zutaten hineingießen. Nur kurz vermischen, nicht zu intensiv rühren.

3   Den Teig in vorbereiteten Formen füllen und 20 Minuten backen, bis er aufgegangen und goldbraun ist und sich fest anfühlt.

4   Die Muffins 5 Minuten in der Form abkühlen lassen, dann warm servieren oder auf einem Kuchengitter vollständig abkühlen lassen.

# Glutenfreie Honig-Zitronen-Muffins

Ergibt 12 Stück

Vorbereitung: 20 Min.
plus Abkühlzeit

Backzeit: 18–20 Min.

## Zutaten

120 g glutenfreies Mehl

120 g Maismehl

60 g Feinstzucker

2 TL glutenfreies Backpulver

1 Msp. Xanthan

1 Ei

Saft und abgeriebene Schale
von ½ Bio-Zitrone

50 ml Pflanzenöl

225 ml Milch

2 EL Honig

1 EL Glycerin

## Zubereitung

1  Den Backofen auf 180 °C vorheizen und eine 12er-Muffinform mit Papierbackförmchen auskleiden.

2  Mehl, Maismehl, Zucker, Backpulver und Xanthan in eine große Schüssel sieben.

3  Das Ei in einem Rührbecher mit Zitronensaft und -schale, Öl, Milch, Honig und Glycerin verquirlen. Eine Vertiefung in die Mehlmischung drücken und die flüssigen Zutaten hineingießen. Nur kurz vermischen, nicht zu intensiv rühren.

4  Die Mischung auf die vorbereiteten Formen verteilen und 18–20 Minuten backen, bis er gut aufgegangen ist und sich fest anfühlt. Warm servieren oder auf einem Kuchengitter vollständig abkühlen lassen.

# Geburtstagsmuffins

**Ergibt 12 Stück**

**Vorbereitung: 30 Min.** plus Abkühlzeit

**Backzeit: 20–25 Min.**

## Zutaten

280 g Mehl

3 TL Backpulver

1 Prise Salz

120 g Feinstzucker

2 Eier

250 ml Milch

90 g Butter, zerlassen

fein abgeriebene Schale von 1 Bio-Zitrone

12 Minikerzen mit Haltern, zum Dekorieren

## Creme

90 g weiche Butter

180 g Puderzucker

## Zubereitung

1  Den Backofen auf 180 °C vorheizen und eine 12er-Muffinform mit Papierbackförmchen auskleiden. Mehl, Backpulver und Salz in eine große Schüssel sieben. Den Zucker untermengen.

2  Die Eier in einem Rührbecher mit Milch, zerlassener Butter und Zitronenschale verquirlen. In die Mitte der trockenen Zutaten eine Vertiefung drücken und die flüssigen Zutaten hineingießen. Nur kurz vermischen, nicht zu intensiv rühren.

3  Den Teig in die vorbereiteten Formen füllen und 20–25 Minuten im vorgeheizten Ofen backen, bis er aufgegangen und goldbraun ist und sich fest anfühlt.

4  Die Muffins in der Form 5 Minuten abkühlen lassen. Aus der Form nehmen und auf einem Kuchengitter vollständig abkühlen lassen.

5  Für die Creme die Butter in einer großen Schüssel schaumig schlagen. Den Puderzucker darübersieben und nochmals aufschlagen. Die Muffins mit der Creme bestreichen, in jeden Muffin einen Kerzenhalter stecken und eine Kerze einsetzen.

# Schoko-Marshmallow-Muffins

Ergibt 12 Stück

Vorbereitung: 20 Min.
plus Abkühlzeit

Backzeit: 20 Min.

## Zutaten

225 g Mehl

50 g Kakaopulver

2½ TL Backpulver

1 Prise Salz

120 g Feinstzucker

100 g weiße Mini-Marshmallows,
halbiert

2 Eier

250 ml Milch

80 g Butter, zerlassen

## Zubereitung

1 Den Backofen auf 180 °C vorheizen und eine 12er-Muffinform mit Papierbackförmchen auskleiden.

2 Mehl, Kakaopulver, Backpulver und Salz in eine große Schüssel sieben. Den Zucker und die Marshmallows untermengen.

3 Die Eier mit Milch und zerlassener Butter in einem Rührbecher verquirlen. In die Mitte der trockenen Zutaten eine Vertiefung drücken und die flüssigen Zutaten hineingießen. Nur kurz vermischen, nicht zu intensiv rühren.

4 Den Teig in die vorbereiteten Formen füllen und 20 Minuten im vorgeheizten Ofen backen, bis er aufgegangen ist und sich fest anfühlt.

5 Die Muffins in der Form 5 Minuten abkühlen lassen und warm servieren oder aus der Form nehmen und auf einem Kuchengitter vollständig abkühlen lassen.

# Schoko-Malz-Muffins

Ergibt 16 Stück

Vorbereitung: 30 Min. plus Abkühlzeit

Back- und Kochzeit: 25 Min.

## Zutaten

150 g Maltesers (Schokokugeln mit Knusperkern)

225 g Mehl

50 g Kakaopulver

3 TL Backpulver

1 Prise Salz

120 g heller Rohrzucker

2 Eier

250 ml Buttermilch

90 g Butter, zerlassen

### Creme

50 g Zartbitterschokolade, in Stücke gebrochen

120 g weiche Butter

220 g Puderzucker, gesiebt

## Zubereitung

1 Den Backofen auf 180 °C vorheizen und zwei Muffinformen mit insgesamt 16 (eventuell mehr) Papierbackförmchen auskleiden. 16 (sicherheitshalber 20) Kugeln zum Dekorieren beiseitelegen, die übrigen grob zerdrücken.

2 Mehl, Kakaopulver, Backpulver und Salz in eine große Schüssel sieben. Zucker und die zerdrückten Kugeln untermengen.

3 Die Eier mit Buttermilch und zerlassener Butter in einem Rührbecher verquirlen. In die Mitte der trockenen Zutaten eine Vertiefung drücken und die flüssigen Zutaten hineingießen. Nur kurz vermischen, nicht zu intensiv rühren.

4 Den Teig in die vorbereiteten Formen füllen und 20 Minuten backen, bis er aufgegangen ist und sich fest anfühlt.

5 Die Muffins in der Form 5 Minuten abkühlen lassen. Aus der Form nehmen und auf einem Kuchengitter vollständig abkühlen lassen.

6 Für die Creme die Schokolade im Wasserbad unter ständigem Rühren schmelzen. Vom Herd nehmen. Die Butter in einer großen Schüssel schaumig schlagen und den Puderzucker unterrühren. Die geschmolzene Schokolade zufügen und die Mischung nochmals aufschlagen. Die Muffins mit der Creme bestreichen und mit den ganzen Kugeln dekorieren.

# Polentamuffins
# mit Chili & Rosmarin

Ergibt 24 Stück       Vorbereitung: 20 Min.       Backzeit: 20–25 Min.

## Zutaten

175 g Mehl

175 g Maismehl oder Instant-Polenta

90 g Feinstzucker

3½ TL Backpulver

50 g fein geriebener Hartkäse,
z.B. Parmesan oder Pecorino

1 EL frisch gehackte Rosmarinnadeln

2–3 TL Chilipaste oder -püree

250 ml Milch

90 g Butter, zerlassen
und leicht abgekühlt

1 Ei (Größe L)

1 TL scharfer Senf

## Zubereitung

1 Den Backofen auf 180 °C vorheizen und zwei 12er-Muffin-formen mit Papierbackförmchen auskleiden.

2 Mehl, Maismehl, Zucker und Backpulver in eine große Schüssel sieben. Käse, Rosmarin und Chilipaste einrühren.

3 Milch, Butter, Ei und Senf in einem Rührbecher verquirlen. Die Mischung zu den trockenen Zutaten gießen. Nur kurz vermischen, nicht zu intensiv rühren.

4 Den Teig in die vorbereiteten Formen füllen und 20–25 Minuten backen, bis er aufgegangen und am Rand goldbraun ist und sich fest anfühlt. Herausnehmen und warm servieren.

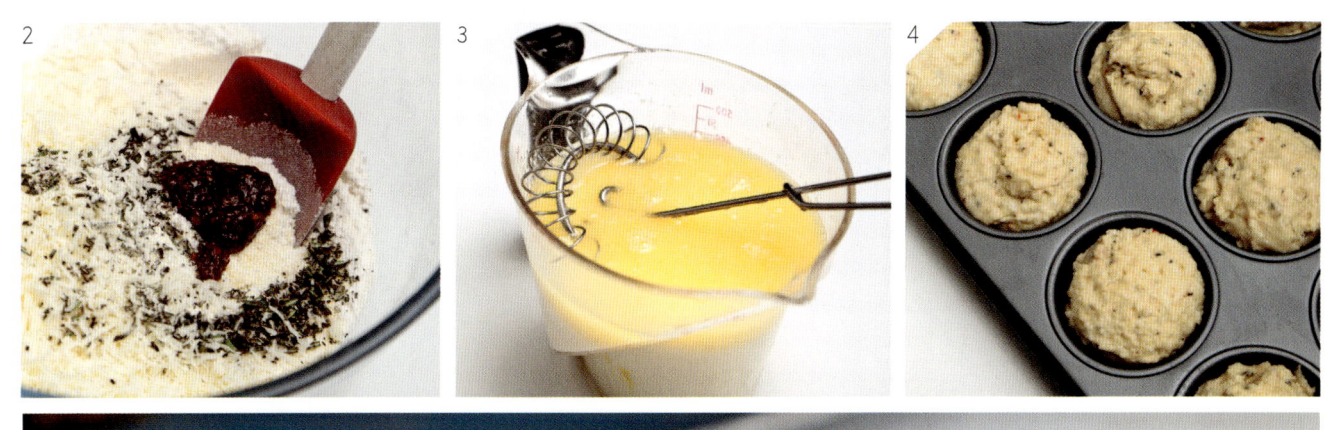

# Kräutermuffins mit Räucherkäse

Ergibt 12 Stück

Vorbereitung: 20 Min. plus Abkühlzeit

Backzeit: 20–25 Min.

## Zutaten

280 g Mehl

2 TL Backpulver

½ TL Natron

25 g geräucherter Hartkäse, gerieben, z. B. Queso Ahumado de Pria

50 g frisch gehackte Petersilie

1 Ei

300 g Joghurt (10% Fett)

50 g Butter, zerlassen

## Zubereitung

1   Den Backofen auf 180 °C vorheizen und eine 12er-Muffinform mit Papierbackförmchen auskleiden.

2   Mehl, Backpulver und Natron in eine große Schüssel sieben. Käse und Petersilie einrühren.

3   Das Ei mit Joghurt und Butter in einem Rührbecher verquirlen. Eine Mulde in die Mitte der trockenen Zutaten drücken, die flüssigen Zutaten hineingießen und alles kurz vermischen, nicht zu intensiv rühren.

4   Den Teig in die vorbereiteten Formen füllen und 20–25 Minuten backen, bis er aufgegangen und goldbraun ist und sich fest anfühlt.

5   Die Muffins 5 Minuten im Blech abkühlen lassen und warm servieren oder auf einem Kuchengitter vollständig abkühlen lassen.

# Mozzarellamuffins mit Paprika

**Ergibt 12 Stück**

**Vorbereitung: 25 Min.** plus Abkühlzeit

**Backzeit: 20–25 Min.**

## Zutaten

250 g Mehl

2 TL Backpulver

1 TL Natron

1½ TL getrockneter Oregano

1 TL Salz

½ TL Pfeffer

25 g frisch geriebener Parmesan

2 Eier

200 ml Buttermilch

3 EL Olivenöl

120 g Mozzarella, klein gewürfelt

80 g gegrillte rote Paprika in Lake oder Öl, abgetropft und in Streifen geschnitten

## Zubereitung

1 Den Backofen auf 180 °C vorheizen und eine 12er-Muffinform mit Papierbackförmchen auskleiden. Mehl, Backpulver und Natron in eine große Schüssel sieben. Oregano, Salz, Pfeffer und Parmesan untermengen.

2 Die Eier mit Buttermilch und Öl in einem Rührbecher verquirlen. In die Mitte der trockenen Zutaten eine Vertiefung drücken und die flüssigen Zutaten hineingießen. Nur kurz vermischen, nicht zu intensiv rühren. Dann den Großteil von Mozzarella und Paprikastreifen vorsichtig unterheben.

3 Den Teig in die vorbereiteten Formen füllen und mit dem verbliebenen Mozzarella und den restlichen Paprikastreifen bestreuen. 20–25 Minuten im vorgeheizten Ofen backen, bis der Teig aufgegangen und goldbraun ist und sich fest anfühlt.

4 Die Muffins in der Form 5 Minuten abkühlen lassen und warm servieren oder aus der Form nehmen und auf einem Kuchengitter vollständig abkühlen lassen.

## Variation

Diese Muffins schmecken auch mit Ziegenweichkäse (statt Mozzarella) hervorragend.

# REGISTER

This edition published by Parragon Books Ltd

Parragon Books Ltd
Chartist House
15–17 Trim Street
Bath BA1 1HA, UK
www.parragon.com

Parragon Books Ltd
Chartist House
15–17 Trim Street
Bath, BA1 1HA UK
www.parragon.com

Realisation der deutschen Ausgabe:
trans texas publishing services GmbH, Köln
Übersetzung: Wiebke Krabbe, Damlos; u.a.

ISBN 978-1-4723-8082-1
Printed in China

HINWEIS
Sind Zutaten in Löffeln angegeben, ist immer ein gestrichener Löffel gemeint: Ein Teelöffel entspricht 5 ml, ein Esslöffel 15 ml. Sofern nicht anders angegeben, wird Vollmilch (3,5 % Fett) verwendet. Eier und einzelne Gemüsestücke sind von mittlerer Größe. Pfeffer wird grundsätzlich frisch gemahlen verwendet. Wurzelgemüse sollte vor der Weiterverarbeitung
geschält werden.

Garnierungen, Dekorationen und Serviervorschläge sind kein fester Bestandteil der Rezepte und daher nicht unbedingt in der Zutatenliste oder Zubereitung aufgeführt. Die angegebenen Zeiten können von den tatsächlichen abweichen, da je nach Zubereitungsmethode und vorhandenem Herdtyp Schwankungen auftreten.

Kinder, ältere Menschen, Schwangere, Kranke und Rekonvaleszenten sollten auf Gerichte mit rohen oder nur leicht gegarten Eiern verzichten. Schwangere und stillende Frauen sollten den Verzehr von Erdnüssen oder erdnusshaltigen Zubereitungen vermeiden. Allergiker sollten bedenken, dass in allen in diesem Buch verwendeten Fertigprodukten Spuren von Nüssen enthalten sein könnten. Bitte lesen Sie in jedem Fall zuvor die Verpackungsangaben.